Art Travel
藝術行旅

劉俐 ◎ 著
(Li L. Lundin)

Splendors of Hawai'i : Arts and Culture 360°

夏威夷藝文風采360°

藝術家出版社
Artist Publishing Co.

Art Travel
藝術行旅

劉俐 ◎ 著
(Li L. Lundin)

Splendors of Hawai'i : Art and Culture 360°

夏威夷藝文風采360°

目 次

一個人文藝術的視窗

夏威夷人講「阿囉哈」的待人之禮。讓路給來車時，對方常會比個「蝦卡」手勢回報。打招呼、感謝、祝福，說聲「阿囉哈」，就把一番好意傳給了對方。位居太平洋中北部的列島，火山、叢林穿梭在住宅區、公路邊，家家戶戶山光水色。下雨了，人們會說：「要晴天，等個十分鐘！」酷日當頭，只要往樹蔭下一躲，立刻解熱。造物主對它的偏愛無可比擬，無怪馬克吐溫會這樣形容：「即使逝去，也不過是在天堂裡睡著了。」

夏威夷人常比的「蝦卡」手勢

可是夏威夷人何曾想到，他們純如淨土的家園會令世人如此憧憬、繾綣不捨，最終招來覆國之災！18世紀末，英國海軍艦長詹姆斯·庫克的登陸，開始了王國與西方禍事頻仍的關係史。19世紀初，航空時代尚未來臨之際，歐美傳教士相繼到來，感化異教邪說；騷人墨客如馬克吐溫、路易士·史蒂文生、毛姆等，也聞風而至，一睹海角樂園之芳容。與西方通商後，一波波外來族群在各島上拼搏立足，逐日獲得他們追尋的幸福與夢想，而民性淳厚的原住民卻成為弱勢民族，永陷故國不堪回首的處境。

瑰麗的山水之外，來自殊方異域的移民超過全州總人口半數，為全美獨有之現象。其中，中國人又與夏威夷的緣分最深。中國人因檀香木而知曉「檀香山」；檀香山孕育了現代中國之父孫中山，以及土生土長、黑白混血的歐巴馬總統，二人竟是相隔一世紀的校友。一個學校出了兩位種族、文化背景相異的領導人物，給夏威夷的人文景觀做了完美的註解。

夏威夷的魅力終究離不開神祕古老的原始文明。筆者定居於此後，感受和以往過客的心境大不相同，沉澱在底層的人文歷史更令人神往。遺憾的是，夏威夷向來偏重以精工打造人間樂園，觀光業者皆陷於滿足感官刺激、全面傾向商機的思維。今日的夏威夷如何形

成，其交織複雜的文史，一般人生活樣態為何，威基基有如一道無形圍牆，堵住了遊人的眼目。

作者期盼此書有別於一般旅遊指南，故以介紹夏威夷之人文風景為出發點，遵循歷史軌跡，將焦距對準生活藝術及文化。諸君若持本書，按圖索驥，應可獲得一富於知性感性的藝術之旅，看見一個真實的、不一樣的夏威夷。

政廣先生多年前即邀我撰寫夏威夷藝術行旅，因循、遲疑、恐懼雜陳。三年前開始認真架構主題、蒐集材料。因歐胡島係州之政經文化紐帶，握筆未久便驚悟僅該島部分即已足夠單行本。由衷感謝藝術家編輯部之悉心配合、精心設計編輯。工作從初始的摸索，延至內心滋生的使命感及殊榮。本地藝術家、火奴魯魯藝術博物館（Honolulu Museum of Art)、桃樂思‧杜克香格里拉伊斯蘭館（Doris Duke Shangri La）、伊奧拉尼王宮 (Iolani Palace)、夏威夷州文獻館（Hawaii State Archives）、畢士普博物館（Bishop Museum）、卡里西——帕拉馬藝術協會（Kalihi-Palama Arts Society)、馬諾阿傳承中心（Manoa Heritage Center）不吝提供精美圖片，皆在銘謝之列。另特別感激Pamela Plouffd女士不厭其煩地解釋波利尼西亞語言習俗；杜程惠卿女士[1]（Cecilia Wai Hing Doo）及劉永曜先生[2]（Eugene Lau）提供與國父有關的家藏資料。每念及各方期待此書的誕生，便感到一股熱量湧進，此番友誼亦是撰寫此書意想不到的收穫。

2014年12月底作者識

1　陸浩東之後代，為第三代華裔。外祖父陸燦，為陸浩東之侄子，少年時為逃避清兵，受國父之託攜帶家人移民至夏威夷，後來擔任國父於南京就任臨時大總統之秘書。

2《自由新報》主編劉棠之孫，為第二代華裔。該報原名《檀山新報隆記》，國父於1908年將其改為興中會之機關報，其辦事處設在酒店街40號舊址。1910年時，國父於該報社舉辦第一次同盟會。

火奴魯魯市區&威基基景點分布圖

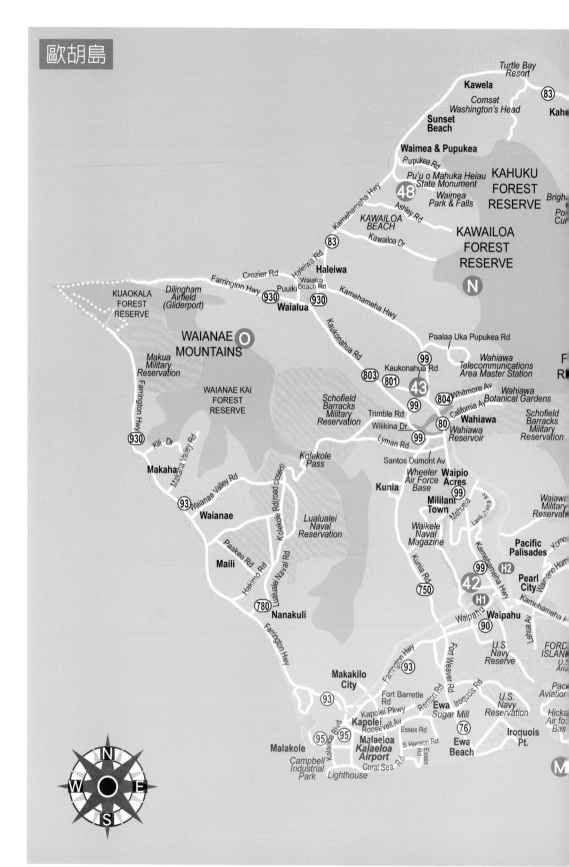

歐胡島

Turtle Bay Resort
Kawela
Comsat
Washington's Head
83
Kah
Sunset Beach
Waimea & Pupukea
Pupukea Rd
Pu'u o Mahuka Heiau State Monument
48
Waimea Park & Falls
KAHUKU FOREST RESERVE
Brigh
Po
Cur
Ashley Rd
KAWAILOA BEACH
Kawailoa Dr
KAWAILOA FOREST RESERVE
83
Kamehameha Hwy
Crozier Rd
Haleiwa
Farrington Hwy
Haleiwa Rd
Waialua Beach Rd
Puuiki
930
930
Waialua
Kamehameha Hwy
N
Paalaa Uka Pupukea Rd
F R
KUAOKALA FOREST RESERVE
Dilingham Airfield (Gliderport)
Kaukonahua Rd
WAIANAE MOUNTAINS
O
99
Wahiawa Telecommunications Area Master Station
Makua Military Reservation
Kaukonahua Rd
803
801
43
Whitmore Av
Wahiawa Botanical Gardens
804
Schofield Barracks Military Reservation
Farrington Hwy
WAIANAE KAI FOREST RESERVE
Schofield Barracks Military Reservation
99
California Av
Wahiawa
80
Wahiawa Reservoir
Trimble Rd
Wilikina Dr
930
Kili Dr
Lyman Rd
99
Santos Dumont Av
Makaha
Makaha Valley Rd
Kolekole Pass
Wheeler Air Force Base
Waipio Acres
Waiawa Military Reservat
99
Kunia
Mililani Town
Mehuela
Lanikuhana Av
93
Waianae Valley Rd
Waianae
Lualualei Naval Reservation
Waikele Naval Magazine
Pacific Palisades
Komo
Kolekole Rd(road closed)
Paakea Rd
Maili
Hakimo Rd
Lualualei Naval Rd
Kunia Rd
99
H2
Pearl City
Waimano Hom
42
780
Nanakuli
750
H1
Kamehameha Hwy
Kamehameha H
Waipahu
Waipahu
90
Lehua Av
FORD ISLAND
U.S Ari
Farrington Hwy
U.S. Navy Reserve
Makakilo City
Fort Weaver Rd
93
Pac Aviation
Fort Barrette Rd
Renton Rd
Iroquois Rd
Ewa
Sugar Mill
U.S. Navy Reservation
Hicka Air fo Bas
93
Kapolei Pkwy
Roosevelt Av
Kapolei
Essex Rd
76
Iroquois Pt.
Malakole
95
Kalaeloa Blvd
95
Malaeloa Kalaeloa Airport
S Hanson Rd
Ewa Beach
Essex Rd
M
Campbell Industrial Park
Coral Sea Rd
Lighthouse

12

火山熔岩形成的海邊岩穴

1. 夏威夷古今

考艾島

尼好島

歐胡島

莫洛開伊島

拉奈伊島

茂宜島

卡好哦拉維島

大島
（夏威夷島）

火山熔岩形成的海邊景色

火山島嶼群

　　夏威夷是火山形成的列島。數百萬年前，太平洋海底地殼崩裂，造成火山運動，火山口及山腰裂縫溢出大量熔岩，經年累月，形成大小高度各異的火成岩山，浮出海面的部分即成為島嶼。自1976年起，這些島嶼隨著地殼板塊的移動，每年朝日本方向移動三英寸。而今板塊構造理論家更預測，往後移動速度將增至每年四英寸。由於遠離海底火山噴口，火山活動因而減少。從島嶼的排列可知，越往西邊，離開火山核心越遠。

　　大島（夏威夷島）的地質最能解釋群島的原始結構和進化。名聞世界的基拉維亞（Kilauea）和冒那魯亞（Mauna Loa），是世上最活躍的兩座火山，無任何地方能讓人如此近距離感覺地球的脈搏。前者高3300公尺，每日噴出火紅的岩漿，緩緩流入海裡，形成大面積的熔岩台地。1983年後常年噴出岩漿，每年為大島增加兩平方公里的面積。後者冒那魯亞，意為「綿延山脈」，經過七十萬年形成，於四十萬年前浮出海面。最驚人的是它龐大的身軀，覆地16000平方公里，長6000公里，總高9170公尺，露出海面4000多公尺，尚

火山噴岩形成的恐龍灣（Hanauma Bay）是古代王室的潛水浴場。（左、右圖）

有5000多公尺深藏在海底，總高比喜馬拉雅山聖母峰還高222公尺，可謂火山之王。兩座火山附近設置的觀測台，常年有科學家密切監視，預測火山活動之前兆，並能在火山爆發十天前精準地發出警告。

　　凝固硬化後的熔岩是夏威夷最常見的火成岩，有的平滑如卵石，有的嶙峋粗糙，二者化學結構相同，顏色灰黑，海邊地區常可見到大面積的岩石。石頭玩家可能奇怪，為何人們不撿回去做盆景，此乃因為原住民視火山岩（lava）神聖不可侵犯，傳說中的火神「佩蕾」就棲息在基拉維亞火山的哈雷茂茂噴口，移走石頭，不異是讓她無家可歸。另外，原住民也相信岩石有生命靈氣（mana），能指引方向，傳遞訊息。在社廟周圍，常有人用提樹葉（ti）或野草，繫在石頭上，做為獻禮，這些石頭類如神桌上之供品，沒有人會去移動觸摸。

各島特色

　　夏威夷州包括一百三十七個島嶼，其中僅八個適宜居住，橫亙於太平洋中北部，自西向東，順序排列：尼好島（4.9百萬年）、考艾島（5、6百萬年）、歐胡島（3.7百萬年）、莫洛開伊島（1.9百萬年）、拉奈伊島（1.3百萬年）、茂宜島（1.3百萬年）、卡好哦拉維島（1百萬年）、大島（夏威夷島）（40萬年）。八個島嶼的總面積166365平方公里，總長2400公里，是地球上最長、也是最遙遠孤立的島嶼群，離日本6160公里，中國7840公里，離最近的陸地舊金山也有3824公里，需飛行五小時才能抵達。

　　（1）**尼好島**（Ni'ihau）屬於羅賓孫家族的私有財產，被夏威夷人稱之為「禁島」，島上居民僅一百五十人，皆為原住民，外人進出必須經由考艾島的旅遊團安排半日遊，不可在當地夜宿。

　　（2）**考艾島**（Kaua'i）因受侵蝕最久，最古老，人口六萬七千多，是最早的甘蔗田開墾

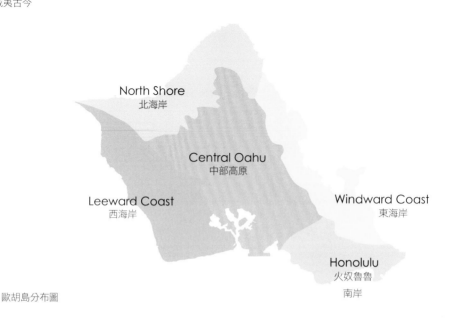

North Shore
北海岸

Central Oahu
中部高原

Leeward Coast
西海岸

Windward Coast
東海岸

Honolulu
火奴魯魯
南岸

歐胡島分布圖

區。今日的考艾島則以蒼翠蔥鬱的美景，高山峽谷，稀有動植物的保護區聞名。

（3）**歐胡島**（Oahu）是威夷的政經文化中心，面積1545平方公里，東西長，南北短，海岸線 365公里。位在南邊的首都火奴魯魯（Honolulu），原住民語意為「避風灣」，面積僅是島的七分之一，卻是州內唯一具備天然屏障的港灣。

火奴魯魯市與火奴魯魯縣為同一行政區，包含四個區域，即：背風面的西海岸（Leeward Coast），以Ewa、Wai'anae為主；中部高原（Central Oahu），包括 Mililani、Wahiawā、Waialua；北海岸（North Shore）含Hale'iwa、Waimea、Sunset Beach、Kahuku、Lā'ie等地；以及迎風面的東海岸（Windward Coast），包括Waimānalo、Kailua、Kāne'ohe、以及Hawai'i Kai。歐胡島南面的火奴魯魯也被稱為南岸（South Shore）。一般來說，西邊氣候土壤乾燥，日照強烈；東邊迎風面濕潤多熱帶雨林。

歐胡島的誕生，過去人們一直以為是由西邊的外阿耐（Waianae）及東南邊的酷勞（Ko'olau）火山之「相遇」形成。兩座火山日夜噴發的岩漿將二者連接。但外阿耐熄滅之後，酷勞仍不斷噴出熔岩，築成兩個火山之間突出的高地，成為島上明顯的地標，如鑽石頭（Diamond Head）、恐龍灣（Hanauma Bay）、可可山（Koko Head）、可可火山噴口（Koko Crater）、龐奇鮑爾火山噴口（Punchbowl Crater）。

多年不變的理論竟於最近被推翻！2014年的5月18日，夏威夷大學、法國氣候環境科學實驗所、加州蒙特利灣水族研究所，聯合發表驚人的修正報告：歐胡島係由三座火山形成，那第三座即是最新發現的卡恩那（Kaena）火山，位於外阿耐海岸卡恩那岬（Kaena Point）62海哩外的深海中，直到最近它才引起地質學家的注意。

基於火山地形，除農業和保護區外，歐胡島的可居面積不及三分之一。據2010年人口普查，八個島嶼總人口1,360,301人，而歐胡島上就有991,788人。

（4）**莫洛開伊島**（Moloka'i）像一條長形魚，容易辨識，離茂宜島西岸的拉海納港僅7公里。北邊2000尺懸崖下的卡拉吾帕帕半島（Kalaupapa）曾是隔離痲瘋病患之特區。1865年，有一千多痲瘋病人被強迫送至此。1873年，天主教會的戴勉神父（Father Damien）及科普修女（St. Marianne Cope）自願來此照顧病患，在此建教堂、生活區。現有七千多原住民，以務農，放牧驢馬為主。島上人煙稀少，幾無紅綠燈。1980年時，該區被指定為全美及夏威夷州之歷史公園。

（5）**拉奈伊島**（Lana'i）別名鳳梨島，離茂宜島西岸僅8公里，人口約三千。1802年時，從廣東來的王子春（音譯）在此煉製白糖成功，為夏威夷的煉糖業奠下基礎。1922年，實業家詹姆士・寶爾（James Dole）到此種植鳳梨。有名的寶爾牌鳳梨（Dole Pineapple）曾供應全世界需求的75%。多年後，寶爾被「凱薩與庫克」（Castle & Cooke）公司收購後，因經營不善，落到加州投資商大衛・默多克（David Murdock）手中。2012年甲骨文軟體科技公司創始人埃里森（Larry Ellison）購買下98%的地產（2%係政府公地），繼續發展該島之觀光業。

（6）**茂宜島**（Maui）面積僅次於大島，人口不到十五萬。多種地質、地形及氣候，使其商業、文化欣欣向榮，幾乎與歐胡島並駕齊驅。首都卡呼嚕伊（Kahului）兼管轄茂宜郡下的三個島：莫洛開伊、拉奈伊、卡好哦拉維島。島上兩座火山迥然有別：東邊的哈裡亞喀拉山（Haleakala）是一巨型盾狀火山，突出海拔3000公尺，是地球上有名的高峰。西邊的冒那卡哈拉外火山（Mauna Kahalawai）古老矮小，約前者之一半。

（7）**卡好哦拉維島**（Kaho'olawe）總面積78平方公里，因乾燥缺水，杳無人煙，有「死人島」之稱。 珍珠港事件後，該島成為美國海軍的培訓地，並在此試爆。1981年島上禁止爆破，並被列入歷史保護區，但由於砲彈尚未完全清除，目前仍是禁島。

（8）**夏威夷島**（Island of Hawaii）又叫「大島」，是夏威夷王國的發源地，也是庫克船長的葬身處。該島約於四十萬年前由五座火山形成：冒那魯亞（Mauna Loa）、基拉維亞（Kilauea）、呼阿萊依（Hualalai）、冒那可亞（Mauna Kea）及可哈拉（Kohala）。夏威夷群島中，大島最大、最年輕，以火山及產於火山地質的咖啡有名，人口低於二十萬。基拉維亞、冒那魯亞，以及還在造島過程中的羅伊西（Loihi）皆為活火山。羅伊西在大島南部海岸海平面下，自1996年以來一直噴發岩漿，再過二十五 萬年後將露出海面，成為夏威夷島鏈的第九個成員。聞名遐邇的大島火山國家公園成立於1916年，於1987年時被指定為世界遺產。位在4200公尺高度的冒那可亞山，有世界最高的天文台及多個國家的工作站。

哈哇伊，夏威夷

第一個發現夏威夷的，是南太平洋上的波利尼西亞人[1]，他們散居各小島，以漁耕為生，並熟諳水性，能操作結構簡單的獨木舟遠航於汪洋大海中。每回征服一個島嶼後，他們往往用故鄉的地名為之取名。曾於1936-1951年間擔任畢士普博物館館長的彼得‧巴克爵士（Sir Peter Buck）[2]，認為給夏威夷命名的是大溪地人。他們在大島定居以後，以故鄉背風面的大島「哈哇伊」（Havai'i）給新的家園命名。

巴克爵士的說法與古代的傳說偶合。一天，大溪地酋長莫伊克哈（Mo'ikeha）跟義子卡馬華樂肋（Kamahualele）說：「走，咱們到夏威夷去，我對愛人已死心。等屋頂上的桿子消失在水平線上時，我就不再想大溪地的事了。」卡馬華樂肋準備好連體獨木舟，莫伊克哈則集合了兄弟姐妹、巫師、航海專家、銳眼的水手，在一天清晨，天狼星升起後，一行人即登上了船。一切皆順利如願，天亮時，他們抵達大島。於是卡馬華樂肋高唱著：「看啊，這就是夏威夷，夏威夷是屬於人的地方，大溪地的孩子，卡帕阿虎王族的後代。」

據考古學及語言學者的推論，遷徙歷史源遠流長的波利尼西亞人於900-1100年間，從波利尼西亞三角東邊的馬奎薩斯島（Marquesas）帶著老家的豬、狗[3]和二十多種植物的種子，徒手操作連體獨木舟，靠著星象、風向、海潮的指引，在一望無際的大海中往北航行約4000多公里後，在夏威夷的大島落腳。兩三百年後，薩摩爾及大溪地人紛至沓來，相繼成為統治者，被擊敗的馬奎薩斯人則淪為奴隸，漸漸消亡。

至於馬奎薩斯人的起源，據推論，其祖先早在西元前1500年即已從美拉尼西亞（Melanesia）遷徙到斐濟（Fiji）、東加(Tonga)，而於西元前400多年來到薩摩爾(Samoa)，於700多年後（西元300年）再遷移至馬奎薩斯島。他們離鄉背井的動機或為純屬探險行為，或因為人口膨脹而被迫向外發展。自800-1200年間，他們已遠航至太平洋水域邊際，抵達南美洲，並將該地的番薯帶回波利尼西亞。不僅如此，他們也發現了東南邊的復活節島和西南邊的紐西蘭。

以夏威夷群島、紐西蘭、復活節島構成的「波利尼西亞三角」，位在經線180°以東，南、北緯30°之間。大溪地、薩摩爾、東加、斐濟皆是其中主要島嶼。這裡人們的共同特徵包括相貌膚色、風俗、信仰、習以海島為生。夏威夷是他們在太平洋中北部征服的最後一群島嶼。

---

1. 法國作家Charles de Brosses於1756年使用波利尼西亞一詞指太平洋中之一千多個島嶼。法語poly意為「多」，nesia為島嶼。
2. Sir Peter Buck有紐西蘭原住民血統，是國際知名的太平洋民族考古學家。
3. 古代波利尼西亞人養狗是為食用。

波利尼西亞三角圖

洪荒精神──美麗的起源說

慣於遷徙，並以漁獵、農耕為生的波利尼西亞人無書寫文字，行事禮儀全憑口述和記憶，一部雄壯的創世紀歌《庫姆栗婆》（Kumulipo）即是如此流傳下來的。內容敘述人類起源和宇宙觀。「kumu」意為「幽冥、深淵」，「lipo」意為「來源」。在他們的認知裡，黑暗非但不可畏，反是生命之泉源。根據家族的社會地位，創世紀歌的版本各不相同，最具權威的是夏威夷王國的末代君主── 莉莉烏可蘭尼女王被迫下台後，於軟禁期間翻譯的英譯本，於1897年問世。首段摘譯如下：「混沌未開的宇宙，空茫漆黑，熱氣騰滾，陸地從海水泡沫中浮現。深幽的洞穴遇見無月之黑夜，滋孕出海陸地上的生命：珊瑚、水草、蝦蟹、海龜、毛毛蟲、鴨鵝、老鼠、狗……。一對夫婦和造物神卡內（Kane）在黎明曙光下誕生，三位一體，結成人類。這時，人們一波波自遠處走來，一個女孩，又一個女孩……高處山谷中的酋長們站了起來，人群分別向地球各角落走去，破曉時分來臨。」

長達2002句的史詩，從深淵到土地，到改朝換代，一一道來，猶如歷歷在目。在隆重盛大的生、死、祭祀、豐收之際，由王族內備受敬重的巫師吟唱。而巫師全憑記憶，一氣呵成，不能有絲毫猶豫或中斷。雄厚的音量蕩氣迴腸，如雷貫耳，主要是為了感動天地鬼

原住民視石頭為有生命靈性之物。

古代土地規劃（ahupua'a）想像圖。

神。任何人，即便是不諳其語言，也無法不為之悸動。

在原住民的宇宙觀裡，人類屬於土地；土地是人與自然神靈溝通的載體，人死後會變成各種化身，保護子孫後代，可能化作風雨，也可能化作石頭或花鳥。大自然的各種現象都是傳訊息給人類的信號。是以，失去土地，即與神靈失聯。同時，人的生生不息是模仿大自然的行為；天上落下的細雨，即是天（Wakea，瓦克亞，天父）、地（Papa，帕帕，地母）作育人類的雨露，因此生殖繁衍不能沒有土地。

八個主要島嶼就是在這樣的語境中誕生的：瓦克亞與帕帕結為夫婦後生下老大，夏威夷島。不久生老二茂宜島，接著老三卡好哦拉維島也出世。之後，帕帕回大溪地娘家探親，瓦克亞耐不住寂寞，另外娶妻生下拉奈伊島，然後又和另一個女人生下莫洛開伊島。帕帕聽到瓦克亞的不軌行為後返回夏威夷，但卻跟魯阿相好，生了歐胡島。最後又跟瓦克亞破鏡重圓，生下考艾島和尼好島。

土地掌管與分配則是由國王與酋長們共同執行，其方法足以顯示昔日統治者的智慧——一塊塊平行的長條地形，從海邊一直延伸到山頂，每位酋長所得的土地包含了各種不同的土質和天然資源——山谷、森林、平地、魚池及海岸，原住民語叫「阿呼普阿阿」（ahupua'a）。生活於其中的百姓，以打漁、種地、伐木為生。種植芋頭、番薯的田地，以山上流下的潺潺泉水灌溉；農人跟海邊捕魚為生的漁夫，互換物品，定期向酋長繳稅上貢。每塊土地的資源平均，各酋長井水不犯河水，自給自足。後來殖民者為了開發甘蔗鳳梨，將所有阿呼普阿阿的灌溉系統堵住，水源被導向蔗田及鳳梨園，阿呼普啊啊的系統便成為歷史。

太平洋島嶼功能各異的獨木舟模型，畢士普博物館藏。

遠航至夏威夷群島的波利尼西亞連體獨木舟模型，畢士普博物館藏。

諸神與信仰

　　原住民人生活中有四位主要神祇主宰他們的精神領域：羅諾（Lono）、庫（Ku）、卡內（Kane）、卡納羅阿（Kanaloa）。羅諾主豐收、繁殖、打雷、閃電，有各種化身。每年12至1月的豐年祭（Makahiki）時，人們會帶著羅諾神環島遊行，接受供品和獻金。庫是天神也是戰神，祂與妻子代表天與地，操縱宇宙資源，其下有各司其事的眾神：漁業、戰爭、

❶ 世上僅存的三件戰神木雕像之一為畢士普博物館的鎮館物。　❷ 左為戰神；右為羅諾神因豐年季出行，以白布幔表示其位，畢士普博物館藏。　❸ 古代夏威夷國王之社廟　Louis Choris繪　1822年。

森林、群山、水、旱田等。卡內掌管陽光、森林、淡水，是生育、子孫繁衍之神，兼任酋長和平民的祖先，權力大過其他各神。卡納羅阿則保佑獨木舟打造順利、航行無阻。這些偶像經常以巨大威武的圖騰（tiki）出現在社廟之前。

南太平洋的波利尼西亞人划著獨木舟往夏威夷島嶼遷徙時，有幾種象徵上述神祇的植物是不可少的隨身物：番薯是豐收神諾羅的化身；芋頭是造物神卡內，象徵一個家庭的父母子女、子孫後代；椰子和麵包果代表宇宙、戰神庫；帶著香蕉就是帶著保佑航海順利的卡納羅阿。

庫克船長登陸

「著陸之前我們不知道眼前的島嶼是否有人居住，等我們看到幾艘獨木舟滑向我們時，一切真相大白。每條船上有三、四人，模樣和我們在大溪地及其他島上所見相同，令人相當吃驚。」——《詹姆斯‧庫克日誌》，1778年1月18日

馬奎薩斯人過著與世隔絕的生活七百多年後，於1778年被遠征太平洋的詹姆斯‧庫克船長（Captain James Cook）率領的英國皇家海軍艦隊發現，為第一批登陸的西方人。庫克把這群島嶼叫「三明治島」（Sandwich Islands），以紀念他的長官三明治伯爵，此一名詞一直沿用到20世紀。

對英國而言，夏威夷是大英帝國末期於東半球尋得的最後獵物。熟悉海上探險的軍事家們皆知曉，在汪洋大海中發現一連串的島嶼，非同小可，庫克船長因此聲名大噪。與他

❶ 石栗樹結的果可做男女項鍊手鐲，也可製蠟燭及護膚美容品。　❷ 治病強身的諾麗果（Noni）　❸ 烤熟後味道如麵包的麵包果樹　❹ 卡瓦（Kava）為天然植物鎮靜劑　❺ 番薯　❻ 芋頭（kalo 或taro）可磨成poi食用　❼ 露兜樹（hala）看上去好像長了腳，也被稱為「會走路的樹」。　❽ 甘蔗使夏威夷王國成為美國南北戰爭期間主要製糖中心

戴著葫蘆頭盔的祭司划著連體獨木舟去見英國海軍庫克船長，
John Webber於1778年繪。

大島國王Kalaniopuu（風帆前披斗篷者）攜帶禮品歡迎庫克船長回
港，John Webber於1779年繪製。

同行的天文學家和藝術家，將親眼所見詳細描繪，那些畫稿和文字紀錄被複印傳閱，由此揭開了有文字記載的夏威夷史。

不過，誰都未預料到，庫克本人屢創紀錄、功勳滿滿的海軍生涯，竟在他最後發現的島嶼上慘絕人寰的結束。

探險家之死

庫克船長最先在考艾島的外美亞（Waimea）靠岸。原住民首次遇見外邦人，驚訝萬狀可以想見，但他們並不畏懼，友善的提供「發現號」和「決心號」所需的糧食和飲水。庫克船長也用洋釘、金屬工具跟他們交換食物，並開放軍艦給他們參觀。外國人有鐵器的消息傳到其它各島，引起一陣騷動。月餘後，當庫克船長抵達尼好島時，手持土產，列隊歡迎的人已經排著長龍等候。於是庫克又拿出更多的物品與當地人交換，從這些交換物品中，他得悉東西貿易中應該包括哪些項目。

離開考艾島後，庫克繼續前往美國西北部。在冰天雪地的北極海域裡，尋找通往大西洋的航道數月不遂，便又返回夏威夷。抵達大島時，已是1779年的11月，正逢當地祭拜豐收神「羅諾」的慶豐時節。千餘隻獨木舟在近海等候，歡聲雷動前所未有。他的軍艦恰好停泊在羅諾神廟附近的港口，豈知這誤導了群眾，以為是羅諾神顯靈。在供著骷髏頭的羅諾神廟裡，原住民給庫克穿上聖袍，獻上祭品，以大禮相待。他於受寵若驚之餘，未加質疑的接受了人們的頂禮膜拜。

兩個月後，庫克決定再出發美西北海峽，但「決心號」啟航後不久，被颱風摧毀前桅，必須折回大島修補。島上這時一片災情，人們看見已歡送走的羅諾神又返回，立刻覺得是不祥之兆。接著，庫克船上的物品被偷竊，水手對小偷開槍，並扣留一位酋長的獨木舟。這一來激起群眾圍攻庫克的軍艦，痛毆水手。庫克一怒之下，欲將最高酋長拿下當人質，使衝突一發不可收拾。見勢不妙，庫克轉身拔錨想撤離岸邊時，敵方從他頭上突襲過來，

將他的肢體砍得四分五裂，其他四位水手也慘遭同一下場。

從後花園到失樂園

史學家將夏威夷歷史分為兩部分：與西方接觸前（Pre-contact）及與西方接觸後（Post-contact），亦即庫克船長發現夏威夷之前、後。與西方接觸前，夏威夷是與世隔絕的淨土，太平洋上的後花園，沒有其他人種、蟲害、疾病。倘使亞當和夏娃是住在這個伊甸園中，夏娃就不會遭受蛇之引誘，偷食了禁果，給人類帶來罪惡，因為夏威夷至今還是無蛇之地。

話說波利尼西亞人從南太平洋帶著甘蔗、芋頭、香蕉、椰子、桑樹等二十多種植物，連同豬狗雞，一起到了夏威夷，可是沒想到，老鼠、螞蟻、壁虎、蜥蜴、蝨子、跳蚤也跟著上了船。壁虎還能吃蚊子，餘下的爬蟲動物則嚴重破壞了原生態平衡。原生植物嬌弱無自衛能力，受侵襲後，變成稀有或絕種，如今使人聯想到夏威夷的天堂鳥花、薑花、夏威夷果等，皆是經由風、鳥或人類，從中南美被攜帶而至的遷徙植物。

不過，大幅度影響到原住民存亡的，是各種致命的傳染病。患有痲疹、流感、百日咳及性病的英國水手，儘管庫克船長三令五申，仍違背禁令，登上陸地。對從未與外界接觸的生民而言，這猶如飛來橫禍。1770至1850年，夏威夷人口從三十萬（有說100萬）降至七萬，四十年後只

庫克船長

詹姆斯·庫克船長（1728-1779），英國皇家海軍軍官、航海家、探險家，善於繪製航海圖，三度奉命往太平洋海域探險共十二年，捷足先登無數個太平洋島嶼，對該海域遼闊

1775年庫克船長油畫像，Nathaniel Dance-Holland繪，英國海事博物館藏。

且複雜的原生態文化瞭若指掌，並詳實記錄。但他更大的貢獻在於能精準的計算出從紐西蘭到夏威夷之間島嶼的經緯度，並繪製大量的航海圖，至今仍被使用。為紀念庫克，原住民在他遇害的大島上豎立一方尖碑，另一個小鎮則以他的名字命名。1928年，美國發行為數僅10008枚的5角銀幣，紀念庫克發現夏威夷150周年。

南美洲植物–海里康蕉（Heliconia）

違反「卡普」的犯罪者被懲處死，此圖由法國海上藝術家Jacques Arago於1819年繪。（來源：Hawaii State Archives）。

餘下三萬五千。可以想像，熱帶氣候的夏威夷人是生育力強的民族，但因敵不過傳染病的殺傷力，王室常無子嗣繼承王位。

庫克船長死後，各部落之間持續爭奪了十七、八年之久。直到1795年，卡美哈梅哈一世（又稱大帝）消滅勁敵，統一各島，開始夏威夷王朝時期，但依舊維持酋邦社會的古風。國王、酋長以下分巫師、巫醫和占星人，其次為造船木匠、葫蘆、花環工藝人，草裙舞者、漁夫，再其次是平民百姓。最下層的，是遭社會遺棄，常被用做祭品的奴隸。階層上下之間有嚴厲的「卡普」（Kapu）禁忌制度管理。Kapu即是英語的「禁忌」，taboo一詞的來源。

「卡普」是諸事聽命於天地神靈，由國王執行的極權封建制度和信仰。從國王到子民，每個人的身分、社會地位、行為規範皆被世襲註定，不可逾界更改。平民百姓不可與酋長面對面，女人不能和男人並肩而坐。因此，男女分別進食；而且女人不准吃豬肉、香蕉、椰子和某些魚類，所以也不能碰那些食物。

禁忌有短期的，有超過幾年的，有時全村人夜晚不用照明及沐浴。嚴重違反禁忌者會被亂石打死或吊死，最後被當做祭品。法國航海藝術家雅克‧阿拉戈（Jacques Arago）將當日親眼目睹之場景繪出，殘忍之狀，令人毛骨悚然。

與西方接觸後，往來東西海道上撩人眼目的高級舶來品，讓酋長貴族染上奢華的物質生活。1810至1820年之間，檀香木外銷中國給夏威夷帶來巨大財富。但在卡美哈梅哈大帝去世前（1819），王室卻已欠下大筆「檀香木」債。十年之間，約570萬公斤的檀香木被運往中國。老少平民因被強迫去砍運木材，田園荒蕪，民不聊生。

另方面，美麗的原始熱帶島嶼猶如海角樂園，對當日的列強、宗教組織和開發商等來說，有著無窮的誘惑力。1820年，波士頓公理會的傳教士十四人，乘Thaddeus號船，經過長途跋涉後在大島登陸。此後不久，王國的信仰、文化、生活習慣，被改造得面目全非。

卡美哈梅哈三世登基時（1825），王室已處身於列強利益爭奪中，危機四伏，必須以縱橫捭闔的手腕在英、美、法、俄、西國之間求生存。1843及1849年，王國先後被英、法占

領。然而壓倒它的最後一根稻草，卻是傳教士與政商結合的「五大」企業。百年王國之消長，將於下面各王朝歷史中敍述。

朝起朝落

從1795至1893年，夏威夷王國的統治者集中在卡美哈梅哈和卡拉卡哇兩大家族。

1. 卡美哈梅哈王朝統治時期 / 1795 –1872年

　　卡美哈梅哈一世（卡美哈梅哈大帝）/ 1795 –1819年

　　卡美哈梅哈二世（李赫李賀）/ 1820 –1824年

　　卡美哈梅哈三世（考吾其亞歐裡）/ 1825 –1854年

　　卡美哈梅哈四世（亞歷山大李赫李賀）/ 1855 –1863年

　　卡美哈梅哈五世（羅特卡美哈梅哈）/ 1863 –1872年

2. 魯納理樓（威廉・魯納理樓）/ 1873 –1874年

3. 卡拉卡哇王朝統治時期 / 1874 –1893年

　　卡拉卡哇國王 / 1874 –1891年

　　莉莉烏可蘭尼女王 / 1891–1893年

一定江山 —— 卡美哈梅哈一世（Kamehameha I，1795 - 1819）

卡美哈梅哈一世是夏威夷王國的立國之君，夏威夷語 Ka Mehameha的意思是「獨行者，the lone one」。他的身世富有「趙氏孤兒」的色彩。父母是大島貴族，但不屬於王位繼承體系。1758年，一位巫師預言，如果克歐唔阿（即Keoua，卡美哈梅哈之父，當時大島首領同父異母兄弟）的妻子生下男孩，將來會消滅群雄成為統治者。此話傳到了首領的耳朵裡，便聲稱要「剷除桑樹的果子」。

在一個風雨交加的夜晚，男嬰誕生了。克歐唔阿妻子的好友把嬰兒藏到一個洞裡，躲過了搜索。待風聲好轉，他又被送到一隱蔽的山谷，跟隨他的親伯父卡拉尼

卡美哈梅哈一世於1795年統一夏威夷群島。

歐普吾（Kalani'opu'u）生活，直到五歲才回到父母身邊。十多歲時，他的父親被首領毒死，伯父便又把他藏起來，與首領展開生死鬥，結果一戰而勝，成為島上之王。

當時尚有三位首領分別統治茂宜島、歐胡島及考艾島，以前二者武力最強。機警果斷

的卡美哈梅哈在叔父去世後，受群雄一致擁護，得以獨霸大島。與他有數面之緣的庫克船長，在日誌裡描述二十歲的卡美哈梅哈是位「所向無敵、面貌兇蠻但具領導人之氣質的武士」。

卡美哈梅哈與庫克船長接觸後，立刻瞭解到武器之重要，利用被俘的英國水手約翰・楊（John Young）及艾薩克・戴維斯（Issac Davis）為輔佐。1795年前後，東討西征，征服各島，成立君主立憲國。由於國際局勢日趨嚴峻，他請求英國保護，一方面保留自主權，另方面在國土上飄掛英國國旗，甚至把一條主街命名為不利坦尼亞（Beretania Street）[4]。（直到1843年，英國海軍強占王國後，王旗上才增加代表八個島嶼的條紋。）

卡美哈梅哈在位期間，夏威夷成為太平洋上的絲路，來往東西的商船必定到此補給、採購；檀香木的出口為王國贏得十年繁榮的經濟。但因為過度砍伐，到1830年時，檀香木已蕩然無存，十年間運銷到中國的檀香木超過570多萬公斤。

叱咤一世的開國之君於1819年病逝於大島的凱伊魯亞可納鎮，享年六十。臨終時他交代，屍骨要埋在「只有晨星知道」的地方。直到如今，那神秘的地方還無人發覺。

推翻禁忌── 卡美哈梅哈二世（Liholiho，1820 - 1824）

年方二十二的李赫李賀繼承父位，此時，卡美哈梅哈生前的愛妾卡阿胡馬努要求參政，統治半個江山。任何人都知道這會嚴重觸犯「卡普」禁忌，但李赫李賀被卡阿胡馬努說服，同意廢除卡普。為表明態度堅決，他和卡阿胡馬努及生母並坐進餐，以示眾人。由此產生了權利和國王相等的女攝政王官職，kuhina nui，女性地位意外地獲得大幅度提高。接下去，李赫李賀下令毀滅所有神廟，澈底剷除卡普制度。這一來，人民的信仰習俗及社會規範被突如其來的改革瓦解，人心惶惶，不知以何為依歸。隔年，美國新英格蘭州公理會的傳教士來到，李赫李賀便指望以基督教代替卡普，填補信仰的真空。自1820年後的二十年間，公理會派遣了十二個團的傳教士到各島嶼布教。一位女傳教士在給朋友的信裡如此寫著：「我們的任務是在這塊土地上建滿教堂、學校、果園和安樂的家。」的確，1920年代當毛姆來到火奴魯魯時，所見之豪宅良屋皆為傳教士之住宅。

不幸，李赫李賀及王后在訪問英國時染上痲疹，病逝於倫敦，輪到年僅十歲的弟弟考吾其亞歐裡（Kauikeaouli）繼位。未久，檀香木被砍盡絕跡，王室貴族奢華的需求使國庫欠下巨款。適逢捕鯨業興起，此後的三十年，火奴魯魯及茂宜島的拉海納港口成為太平洋上最重要的捕鯨港，經濟上出現檀香木後的第二高峰。

李赫李賀生前對基督教一直抱持懷疑態度，攝政王卡阿胡馬努在Hiram Bingham牧師的影響下，對基督教公理會深有好感，支持傳教士興學、建教堂。在她主張下，歐胡島上的最

高學府——歐胡學院（Oahu College）於1829年成立，即是歐巴馬總統與孫中山先生就讀的浦那厚學校（Punahou School）之前身。

為教讀聖經，傳教士創造了一套用英文字母拼寫的波利尼西亞文，通過讀聖經、作禮拜，將原住民識字率在短期間提高到世界首位。與此同時，也對原住民的文化進行改革，禁止呼拉、並迫使原住民改信基督教、穿洋服。至今，其影響仍然到處可見。有趣的是，至今許多婦女仍穿著傳教士帶來的姆姆裝作禮拜、訪友；而一般重要場合，會吟唱祈福由原住民長老帶領，而平時原住民的飯前禱告則用基督教形式。

紛擾動盪—— 卡美哈梅哈三世（Kauikeaouli, 1825－1854）

卡美哈梅哈一世的次子考吾其亞歐裡即位時才十歲，因此由攝政王卡阿胡馬努主政，直到他長大成人。他與親生妹妹娜赫納娜（Nahienaena）相戀不成，二人畢生含恨終了。依原住民傳統，族內通婚是自古以來王室貴族保持血統純正的一貫習俗。但此時基督教已立足各島，不容忍此種行為，兩人被強迫分離。或因此，考吾其亞歐裡嗜酒，國事皆由同父異母的妹妹基瑙（Kinau）公主代理，但他卻是在位最久、社政改革及內憂外患最多的國王。此時國際局勢日趨複雜難控，海上列強都想將這塊鮮美的肥肉據為己有，嬌小柔弱的王國分別於1843年及1849年被英、法侵占。考吾其亞歐裡曾派外交部長羅伯・崴理（Robert C. Wyllie）與當時美國總領事大衛・格雷（David L. Gregg）交涉，有意讓美國

卡美哈梅哈三世油畫像。

接收夏威夷，條件是每年補償王國三十萬美元，但考吾其亞歐裡還未簽約即辭世。此後，夏威夷受美國保護，直到卡拉卡哇國王（1874）繼位後重組皇家軍隊為止。

卡美哈梅哈三世為政期間，影響深遠的施政包括：

1. **土地改革**：西方人來到夏威夷後，不斷要求王室變更王室擁有的土地制度，改變政體，採取歐美的立憲或共和制。起初王室堅持固有制度，但卡美哈梅哈二世顧慮長久下去會不利於統治，便出租土地緩和人心。卡美哈梅哈三世一改封建作風，將王室的土地保留三分之一，三分之一平分給二百四十五位酋長，餘下的分給平民百姓。他的另一個驚人之舉，是允許白人購地置產。當時規定在兩年內，貴族百姓需要申請地

狀，以確保土地持有權。但原住民不懂得地狀意義而未加理會。因此，原是為保護國民的土地法，卻導致百姓最終實得的土地不到百分之一，王室土地也被親西方的政府瓜分、出租；大塊地皮被白人開發商、傳教士廉價買去，釀成足夠與王室抗衡的經濟實體。此項政策是夏威夷史上所謂的 The Great Mahele，所造成的傷害僅次於王國覆滅，其實也就是喪失王國的第一步敗棋。

2. **削減王權**：抵不住西方人再三要求，王室將君主制政體改為立憲，卡美哈梅哈三世自動減縮其統治權，成立最高法院，以及由貴族組成的上議院和由民意代表組成的下議院，將審判制度從酋長、長老手中轉移至司法院。

3. **歐美煉糖廠及蔗田投資者進駐夏威夷**。美國拉德糖業公司（Ladd & Co.）於1835年來到夏威夷投資，每年以三百美元向卡美哈梅哈三世租借 980英畝的土地三十年。二十年後，因南北戰爭之內需，夏威夷白糖出口不斷激增。 到19世紀末時，年出口量已達298544噸，高居太平洋上的經濟主體，使各大企業擁有的勢力形成政治主力。

親英愛民── 卡美哈梅哈四世（Alexander Liholiho，1855－1863）

亞歷山大李赫李賀為卡美哈梅哈三世之侄，卡美哈梅哈一世之孫。因訪美時被誤認為黑奴，一直無法釋懷，對波士頓來的傳教士尤其反感，轉而親英。美國基督教一時失寵。

亞歷山大在政治改革上無大作為，但對百姓，特別是貧民和得傳染症的患者，照顧備至，於1859年與皇后艾瑪成立皇后醫學中心，即為今日之皇后醫院（Queen's Hospital）。孫中山先生就讀的第一間學校──伊奧拉尼（'Iolani School）──也因獲得這對皇家夫婦的贊助而創立。不幸亞歷山大因患氣喘病，英年早逝，年僅二十九歲。

才智雙全── 卡美哈梅哈五世（Lot Kamehameha，1863－1872）

羅特卡美哈梅哈，十八歲時與弟弟亞歷山大（卡美哈梅哈四世），於1849-1850年間陪同當時財政部長加德（Garrit Parmele Judd）訪問英、法、美等國，覲見法國拿破崙三世、英國亞伯特王子、美國泰勒總統，是以歷練豐富，有一國之君具備的素養學識。亞歷山大任內時，他曾擔任內政部長、財務部長。馬克‧吐溫對他的形容如下：「這是位有才智有作為的君主，知書達理，為民服務，不負眾望。外表無皇親貴族氣息，衣著簡便，騎著馬在火奴魯魯各處巡視，不論晝夜，從不帶隨從。有人氣，受百姓尊敬愛戴。」

羅特卡美哈梅哈效法祖父卡美哈梅哈一世的強硬作風，堅信國王應該大權在握，統治全國上下。1864年，他另頒定新憲法，廢除母后的攝政職位，否定考吾其亞歐裡成立的自由選舉憲法，認為該憲法削弱皇室權力，讓反動分子有機可乘，所指的，即是權勢逐漸擴大的英美商人、傳教士。此外，他將貴族與民意代表合併為單獨立法機構，規定1840年後出

生者必須通過讀寫考試才可投票或任公職。

民主開放——魯納理樓（William Charles Lunalilo, 1873 - 1874）

卡美哈梅哈五世單身無子嗣，未指定繼承人即去世，統治七十七年之久的卡美哈梅哈王朝就此結束。根據1864年新憲法之要求，立法大會選出魯納理樓為國王，對手大衛・卡拉卡哇敗陣。這是王國由民選出的第一位國王，因此有「人民的國王」之稱號。

魯納理樓是卡美哈梅哈大帝的外孫侄。十三歲時，根據土地分配新法，繼承了卡美哈梅哈一世贈與母親的土地，數量僅次於國王。因係王族出身，自小即被指定為卡美哈梅哈三世的繼承人，畢業於王族學校，精通母語及英語，並在文學、音樂方面大放異彩。王室貴族中，他的人氣勝過所有的人。

魯納理樓追求民主，與表兄卡美哈梅哈五世的作風迥異。卡美哈梅哈五世力圖恢復王室大權，把貴族議會和民選代表合併為一，而他主張兩院分治，讓民選代表能聽到民眾的聲音。 但他三十九歲時即因肺病逝世，在位僅三百八十天。除了民主開放作風得到民眾擁護，他在位期間做出成立莫洛開伊島痲瘋病特區的決定，使痲瘋病未廣泛流傳。

魯納理樓臨終時要求埋葬在卡哇伊哈偶教堂，要「和他的人民而非國王酋長在一起」。這是由於卡美哈梅哈家族將他母親從王室陵園名單中剔除，引起兩家反目成仇。魯納理樓終身未婚，本欲指定艾瑪皇后繼承王位，但尚未正式宣布前即去世，於是立法大會再度進行國王選舉。

❶卡美哈梅哈四世 ❷卡美哈梅哈五世。 ❸ 大衛・卡拉卡哇國王（來源：Hawaii State Archives）

爭取國際地位——大衛・卡拉卡哇（David Kalakaua，1874 - 1891）

卡拉卡哇前次選舉敗在魯納理樓手下，但這回與卡美哈梅哈四世之遺孀艾瑪女王並肩競選而勝出。他出身大島最高酋長世家，受過正規教育，精通英語，從基層升至郵政局長、內政部長。有鑑於王室不斷受西方殖民者欺壓，便致力建設王國，斥資三十萬美元打造了一座具義大利文藝復興風格的「伊奧拉尼王宮」，室內衛生間、瓦斯發電的水晶燈，五年後又改裝電燈及電話等的先進設備，使它得到「太平洋的凡爾賽宮」的美譽。

為廣為結盟、擴大見識，卡拉卡哇訪問日、中、英、法、德、西、美、梵蒂岡等十六國，又親赴華盛頓與美國總統尤利西斯格蘭特（Ulysses S. Grant）簽訂互惠條約，使運銷美國的白糖和稻米免繳關稅，在刺激財政上立下大功。為讓飽受疾病侵襲的老百姓能休養生息，他親赴日本，請求日本天皇放寬到夏威夷的移民額度，並建議兩國聯盟，甚至向日本皇室提親，欲將胞妹莉莉烏可蘭尼配與皇太子，可惜對方人選已定而作罷。

前排左起第二位為卡拉卡哇國王；右起第三位著披風者為《金銀島》作家路易斯·史蒂文生。（來源：Hawaii State Archives）

卡拉卡哇作風豪邁，有「快樂君主」之雅號，力圖振興本土文化，組織年輕人發起「夏威夷是夏威夷人的」運動，並與胞妹復興傳統音樂和舞蹈，鼓勵恢復民族自信，發掘藝人、蒐集古歌、古籍，為後世留下大量的文化遺產，其中包括他本人撰寫的《夏威夷傳奇與神話》，文采華美，將民間故事提升到了史詩的境界。

1887年，一個數百人的白人傳教士子女和商人組成的政治聯盟（Hawaiian League，安全委員會之前身）發起武裝暴動，卡拉卡哇在刀槍威逼下接受由羅倫·賽斯頓（Lorrin A.Thurston）及一群律師主筆的《刺刀憲法》（Bayonet Constitution），要求取消國王享有的最高否定權，重組內閣，給予外國居民（移民除外）投票資格，而本地公民則必須有價值三千美元的財產，或六百美元的年收入才能投票。

羅倫·賽斯頓是夏威夷土生土長的傳教士第三代，祖父是第一代基督教的精神領袖，對夏威夷原住民的現代化教育頗有貢獻，但羅倫·賽斯頓卻將其祖父的功德毀於一夕。他能講道地的土語，畢業於哥倫比亞大學法律系，有強烈的種族優越感。王室提倡的本土意識，令他極端不滿。是以處心積慮，結合利益團體，促使美國政府兼併夏威夷。

《刺刀憲法》之後，卡拉卡哇王權被削減，淪為有名無實，只能擔任宴會主人角色的傀儡。內閣人員良莠不齊。政治生涯四面楚歌時，還被牽扯進一樁與鴉片執照有關的賄賂案裡。在1891年去舊金山養病時，病逝於酒店，得年五十四。離開夏威夷前，他指示，如有不測，胞妹莉莉烏可蘭尼將為王位繼承人。

著名的《金銀島》作家，羅伯·路易斯·史蒂文生（Robert Louis Stevenson）於《刺刀憲法》發生後來到夏威夷養病，受到王室歡迎，並成為卡拉卡哇國王的心腹知己。數年後，在出版的新作裡他指出王室被「白人商家集團」綁架，內閣裡的白人「不過是到處亂

竊的 流氓。」但卡拉卡哇也被評為「理論派、有人緣、無所成就、放浪形骸」的君主。

末代君主——莉莉烏可蘭尼女王（Lili'uokalani, 1891－1893）

　　夏威夷人每提到末代女王時，對她的文藝創作、經歷的苦難和不公，如數家珍，猶似昨日之事。矗立在伊奧拉尼王宮和州政府大廈之間的女王銅像，左手上拿著膾炙人口的「珍重再見」歌、親手翻譯的創世紀史詩譯文，以及1893年由她草擬的新憲法，顯示人們感念其貢獻，每日總有民眾前來獻花憑弔。

　　推翻王國的導火線開始於莉莉烏可蘭尼女王力求鞏固王室，恢復百姓投票權，廢棄《刺刀憲法》，頒布新憲。想法雖獲得民眾踴躍支持，內閣大臣們卻紛感恐慌，預料此舉將引起動亂，於是女王承諾短期內不更動憲法。

　　但反皇派之首的賽斯頓和幾位律師，以及五大企業組成的安全委員會（Committee of Safety）卻已開始醞釀倒戈，企圖先下手為強。他們以島上美國人的生命財產安全為由，請求美國軍事干預。他們的利器是美國政府，如果得到美國國會背書，王室即大勢已去。

　　1893年1月16日，政變的主導——本地的英美精英、立法員及賽斯頓本人向美國駐夏威夷大使約翰·史蒂芬斯（John L. Stevens）陳情求助：「女王仗著武力和一幫主張暴力流血人士之協助，欲公布新憲法。我等缺少外援，無能保護身家性命，請求美國派軍保護我者。」當時有人告訴賽斯頓，女王已決定保持現狀，他答道：「女王的話不值錢……街上沒有流著鮮血時她沒有錯……。她要我們躺在火山上，讓噴出的鮮血把我們毀滅。」結果，史蒂芬斯大使未得國會授權，逕自派遣武裝海軍一百六十二人鎮壓。雖為數不多，但此舉已令女王恐懼。

　　此時王室的警部總長威爾遜向內閣申請逮捕反皇派，但被駁回，只好調派近五百名衛士保護女王。翌日，反皇派的安全委員會召集火奴

位於州政府大廈與伊奧拉尼王宮之間的莉莉烏可蘭尼女王銅像。

魯魯步槍隊全副武裝士兵，步步趨近王宮，準備上陣。奇怪的是，箭在弦上的當兒，賽斯頓和史蒂芬斯卻同時臥病在床，不公開露面，私底下，賽斯頓卻正忙著撰寫王國終了的告示。

王宮外面不久出現擦槍走火。反皇派的古德（James Good）明目張膽地從國王街推出來一車子的武器，員警攔住他時被槍擊中。女王正欲遞狀子給史蒂芬斯大使，但安全委員會總裁三埔·竇爾（Sanford Dole）已走到司法大樓，宣布接收。女王見情勢嚴重，為避免百姓血腥衝突，宣告放棄王位。被迫下台後，莉莉烏可蘭尼被軟禁在宮。

未經國務院許可，史蒂芬斯即承認新政府，宣稱夏威夷為美國保護國。安全委員會成立的臨時政府由三埔·竇爾擔任總指揮。即將卸任的哈理森總統（Benjamin Harrison）簽下兼併夏威夷的提議書，但參議院尚未表決生效時，新上任的總統克里夫蘭（Grover Cleveland）認為安全委員會的行為不合法，於是收回提議。

克里夫蘭總統派專員布朗特（James Blount）到夏威夷調查實況。彼時所有公共建築上已經飄著美國國旗，布特朗便下令取締，並向總統報告美國外交及軍事代表濫用職權，贊成女王復位。但三埔·竇爾拒絕交出大權，辯稱美國政府不當干涉夏威夷內政，並於次年迅速成立夏威夷共和國。

1895年，擁護莉莉烏可蘭尼女王的民眾掀起抗議遊行，組成遊擊隊，以武力阻止占領，但被共和國軍隊鎮壓，帶頭者和女王皆被逮捕監禁。1897年，新任總統麥肯立（William McKinley）同意占領，他本人和共和國的三位代表：賽斯頓、哈奇（Francis Hatch）及金利（William Kinney）簽署占領條約，並將條約送遞參議院投票議決。

此時，夏威夷愛國協會發起反兼併萬人聯名活動，向美國政府陳情，兩個月內收集到三萬九千多簽名，其中二萬一千多名是原住民，餘為夏威夷混血和亞歐移民。女王和四位代表共赴華盛頓向各參議員陳情遊說，及至翌年2月27日，僅有四十六位參議員表示會投占領票，女王滿懷信心，預測該條約在參議院將被封殺。

但就在十二天前，美國戰艦緬因號在古巴哈瓦那停泊時被炸，引爆美國與西班牙在菲律賓之衝突。夏威夷於太平洋上的軍事戰略及補給價值重新被考量，贊成占領夏威夷王國的國會議員提出由兩院兩黨共同舉行投票，過半數即通過。這回兩院皆得到過半數的贊成票。1898年7月7日，麥肯立總統簽字的決議書於法律上生效，近一百年的夏威夷王朝就此完結。

迎向未來

成為美國領地後，本土複雜的成員中增加了諸多新勢力：領土辦事處、國會、工會，以

及第二代亞裔的參政與經商。無所不在的「五大企業」首先受到罷工的挑戰，起因是種族歧視、工資不平等。亞洲移民的工資比歐洲移民少25％，白人能做到管理員、住舒適寬大的房子，而黃種人只能賣苦力，受白人凌虐。

1909及1920年，日本工人發動兩次罷工未得預期效果，反而刺激經營者到世界各地引進更多廉價勞工。1924年，菲律賓工人加入罷工行列，結果，帶頭者被驅逐出境，百餘工人遭逮捕，六十人入獄。此事件對亞洲工人待遇仍無改善，但社會經濟結構已在迅速變化中。勤奮節儉的中、日勞工已紛紛離開工寮搬往郊區，生活逐日走向白人標準，尤其是日本移民，工寮人口從三萬降到一萬。

移民一直是五大企業的隱憂，因此他們極力反對政府增加稅收所得提高國民教育。為使國會鬆綁，1882年國會通過的排華勞工法案，破例准許進口中國勞工，日本人被形容為忠誠度值得懷疑的次等人類，而中國人卻從過去的牲畜輩，晉升到勤儉、值得信賴、尊敬的人。

1928及1931年，兩件相關的謀殺案件震撼了整個社會。一位精神抑鬱的日本後裔青年，

芙桑──夏威夷州花。

因殺害白人男童而被判處死刑，而犯殺人罪的幾個白人卻只坐監一小時後被赦免，大眾指責之聲沸沸揚揚。國會意識到新領土是個燙手山芋，便對島上企業展開攻擊，於1934年限定各州白糖產量配額，使夏威夷白糖出口量下降10％。此事促使最先反對夏威夷立州的五大企業，和想得到國會補助的州政府，站在同一線上爭取第五十州的身分，以便能與各州共同競爭。國會參、眾議院到夏威夷舉行公聽會後，於1940年令夏威夷舉行公投，結果以兩票對一票通過。但此時，日本發動的太平洋戰爭已進入白熱化，接著於1941年偷襲珍珠港。夏威夷的日本、德國移民淪為戰犯而被送至拘留營，島上進入戒嚴期直到1944年。

戰後，五大企業的財力與政治影響力仍繼續上升，但工會已在醞釀中，與五大企業抗衡，且於1949年贏得調整工資及工作環境的大勝利。此後工會更滲入政治，與五大企業支持的共和黨對峙。1954年，民主黨得到工會及退伍軍人的選票而獲大勝。

迅速蛻變中的夏威夷得到國會正式通過成為國旗上的第五十顆星時已是1959年。而該年的州長選舉中，兩黨提名的副州長候選人皆是有原住民血液的中國後裔，James Kealoha與William Richardson。選後，主持州長與副州長就職宣誓的法官也是位日本後裔Masaji Marumoto。同年，國會參議院迎進一位純中國血統的華裔參議員——鄺友良。1963年時，又增多一位從442軍團退伍的日籍後裔軍人Daniel Inouye登上參議院寶座。政治人物、社會精英，不論在議會或是鄉村俱樂部，處處可見黃臉孔的亞洲人，國會此時才知道夏威夷的不一樣，不可與它州相提並論。

60年代以後，美國大陸觀光人潮劇增，越戰期間它成為美軍渡假勝地，為渡假產業奠定了基礎。此時的夏威夷人選擇撇開過去的傷痛，去追求另一個新樂園的夢想。

原住民家園委員會法案

王朝被推翻後的次年，一個恢復原住民家園的構想被端上檯面。國會報告裡說道：「為拯救原住民，實爾要為他們規劃新家園」。七年後，聯邦政府挪出二十萬英畝的土地給原住民做耕地、建屋用，以「夏威夷原住民家園委員會法案」稱之，並聲明原住民土地為原住民所有，不可變更挪用，原住民可以利用分配之土地種植傳統植物，發展固有文化及生活。不過到目前，原住民爭取到的公平補償，卻還是由於夏威夷國會代表庫西澳王子（Prince Kuhio Kalaniana'ole）[5] 努力不懈、起草、奔走協議的結果。

自1921年後，原住民家園的管理先由聯邦政府下屬機構處理，60年代以後則轉至夏威夷州政府下的「夏威夷家園部門」（Department of Hawaiian Home Lands）。將近一世紀以來，原住民家園法案之施行，仍有諸多問題有待澈底解決，如一些土地不適於耕種或居住、住宅區內無道路或下水道、某些人善鑽漏洞，享有特殊待遇等。

1993年1月17日，王國滅亡百周年時，基督教公理會，現名United Church, 發表對原住民致歉書，當時在場的一萬兩千多聽眾群起喝彩。數日後，原住民之子Daniel Akaka及Daniel Inoueye兩位參議員，向國會提出向原住民致歉議案，得到兩院通過。克林頓總統於同年11月簽署《公法103-150》，代表美國人民向夏威夷原住民正式道歉，承認昔日的夏威夷為文明國家，美國參與推翻王朝的行為不當。

此事件對夏威夷原住民自治政府的推動起到作用，2009年，參議員阿卡卡（Daniel Akaka）向國會提出原住民政府重組法案（Native Hawaiian Government Reorganization Act），希望聯邦政府依照美國給予印第安人的自治權，允許夏威夷原住民成立自治政府。該法案未能得到國會通過，理由是，夏威夷王國滅亡時已是君主立憲政體，並非部落民族。彼時絕大部分的公民，皆為世界各地來的移民，原住民只是其中一個族群，與印第安

5.庫西澳王子是考艾島末代統治酋長之繼承人，有「公民王子」之稱。庫西澳海灘即是他昔日的官邸所在。

庫西澳王子（左圖）　2013年11月23日為柯林頓總統在威基基海灘向原住民致歉20周年。Star-Advertiser, Nov.23，2013（右圖）

人的情況大不相同。Akaka參議員於2012年退休，此案即暫無發展。

　　另方面，原住民繼承了畢士普夫人，亦即伯尼斯・帕烏阿西（Bernice Pauahi）公主遺留下的大量土地，其夫遵照遺囑，創建畢士普博物館、卡美哈梅哈學校及遺產信託公司。如今該校擁有的房地產業，商業用地，年投資淨利在數億以上，是世上最富有的信託。如何做到遺囑中指示的：讓所有原住民子孫受益，是當前畢士普董事會面臨的主要課題。

　　夏威夷州政府於1978年也成立了「夏威夷事務處」（簡稱OHA），以保護夏威夷原住民、環境資源、資產，成立原住民自治政府。一般人認為後者得到華盛頓通過的可能性極少，一州之內兩個政府兩套法令，將是萬般棘手之事，且原住民各群體意見紛紛，難達協議。如今OHA也成為另一大財團，從事開發土地、投資金融。其它持有龐大土地資源的還包括莉莉烏可蘭尼女王、艾瑪女王的遺產管理會。如此看來，在原住民名下的資產無數，除投資未來教育，如何「還富於民」，或另有上策，仍需拭目以待。

世紀東西貿易商船使用之壓艙石

2. 夏威夷與中國人

檀香木、移民潮｜陳芳傳奇｜
夏威夷與現代中國之父｜21世紀──給世界的驚奇

檀香木、移民潮

1788年，販賣毛皮貨的英國商人米爾斯（John Mears）駕著菲利斯探險號，從廣州載著五十名在船上當廚子、木匠、鐵匠的中國人，於往北美洲途中取道夏威夷，本地華人即以此年為中國人首次抵達夏威夷的時間。

1802年，廣東人Wong Tze Chun（音譯王子春）帶著磨子和鍋爐到拉奈伊島去煉糖，無人知道他為何選擇該島，而他煉糖成功後卻又突然離去。直到1823年，才有第一個在火奴魯魯定居的商人，十七年後，住在該市的中國人增至三十人。

再說19世紀初，從北美洲開往澳門、福建、上海、廣州的船支多經由夏威夷。一位波士頓商船的船長，聽說檀香木製作的工藝品深受中國人喜愛，便說服卡美哈梅哈大帝，把散發著香氣，被原住民婦女們磨成粉，灑在樹皮布上當做香料的木材出口到中國，再把瓷器、絲綢和茶葉運銷美國，是以1810-1820年間出現了「檀香木經濟」。 中國因為大量進口檀香木，檀香山便成了夏威夷的代名詞。

波利尼西亞人把甘蔗植物帶到夏威夷，但他們只啃甘蔗而不知道它能煉糖。1835年後，美國本土的拉德公司到中國招聘煉糖師。大島的希洛（Hilo）由於中國人的參與而成為甘蔗種植和製糖中心。據1867年財政部調查報告，希洛地區中國人經營的甘蔗田規模宏大，

1900年歐胡島上外曼娜羅（Waimanalo）地區的甘蔗園，戴斗笠者為中國人。（來源：Hawaii State Archives）

僱用工人高達八、九百人，其中以陳（阿）芳的成就最令人刮目相看。

不過，有組織規模的移民開始於1852年，二百九十三名甘蔗工人從廣東乘英商船抵達火奴魯魯港口。三十年後，夏威夷的中國人已達一萬八千多人。70％的蔗工都來自國父的故鄉——廣東香山縣（1925年改名中山縣）。他們住在簡陋的工寮裡，每月工資三塊美金，還只能領取等值的兌換券，再憑券到公司商店換取日用品。白人管理員經常凌辱勞工，不過，在陳芳蔗田裡打工的中國人卻沒有吃到太多苦頭，一些人在合同期滿後，即遷出工寮，合夥開店，步其後塵，成功創業。

陳芳傳奇

陳芳 像

籍貫廣東梅溪的陳芳（又名陳阿芳，Chun Afong）出生於1825年，十四歲喪父。二十四歲時隨伯父到歐胡島經營進口批發，不久即致富。1855年，中國城遭大火燒毀，使他面臨破產，但因運作靈活，不但未走上倒閉之途，還在白人地區置產，給未婚妻朱莉亞‧費耶瑟（Julia Fayerweather）造了一棟中西合璧的豪宅。

朱莉亞有貴族血統，幼年和卡拉卡哇國王由同一奶媽餵養，是卡拉咔哇國王的義姐。她的外婆阿禧亞（Ahia），嫁給卡美哈梅哈大帝手下的英國船長，也是保衛皇城的第一任指揮官，喬治‧貝克立（George Beckley）。阿禧亞隨著丈夫的船往返中國多次，是第一個到過廣東的夏威夷王族。而朱莉亞的美國父親是「五大」之一的企業家，經營啤酒廠及甘蔗園。

因為朱莉亞的家世背景，陳芳成為卡拉卡哇國王身邊的要人。1856年，為慶祝卡美哈梅哈四世與艾瑪皇后新婚，陳芳和當地華商用中國工藝品把舞會場地裝飾得富麗堂皇，轟動全國。次年，陳芳入夏威夷國籍，並擔任樞密院議員。

1860年代南北戰爭時期，陳芳趁著美國南方斷絕北方白糖的供需，在大島希洛開辦糖廠。1870年他又收購大島的兩個甘蔗園——Pepeeko、Makahanaloa，讓兩位分別畢業於哈佛及耶魯大學的兒子，陳龍及陳席儒經營。當時他手下9100英畝的甘蔗田，年產蔗糖達2500噸，是所有糖廠中效率最高、聲譽最佳的農場。據估計，其資產已達一百萬美元，名列夏威夷八大企業之一。奇蹟式的發跡，使他從一介平民躍升到了「商業王子」的地位。

清政府於1879年任命陳芳為駐夏威夷商會董事，其寓所被充作華商董事會址。同年，該會改為中國駐檀香山辦事處，陳芳即受清廷指派為首任代辦。就在此時，他的政治生涯開始遭挫。美國政府官員疑心他將做中國與夏威夷之間的和事佬，促成滿清政府併購夏威

夷，傾向白人的夏威夷內閣官員便藉故拖延發給代辦證書。

一年後，滿清帝國的旗子終於在他的公館建物上飄揚。慶祝酒會上，王室的西樂團和中國鼓樂同聲齊奏，盛況空前。但月餘後，本地客家商人卻控訴他只照顧鄉親，聯合起來聲討他。

1887年，剝削國王權利的《刺刀憲法》通過，否定了所有移民的投票權。同時，長子陳龍涉嫌賄賂王室，求得經營鴉片的執照，使陳芳名譽受到重損。兩年後，陳芳預感美國將占領夏威夷，而其排華政策將影響到所有華人，便把資本轉向香港，退出政治舞台。他將部分事業轉讓「五大」中的成員，其餘的留給妻兒。安頓好一家人的生活後，便帶著次子陳席儒告老還鄉。

返鄉後，他在廣東及港澳一帶投資航運及房地產，事業飛黃騰達更加不可一世。據説在澳門時曾有過這樣的一椿事：當時頂級的豪華酒店不接待華人，他一氣之下買下該酒店，將其夷平後改建公館。1906年他死於澳門，陳席儒則在1920年當上廣東省長，不久遷居香港，經營航運及銀行業，後與同父異母的弟弟陳賡虞創辦香港大學。

由於陳芳與孫中山之兄孫眉為故友，孫中山與陳席儒、陳賡虞兄弟自然往來如密友，並且是孫中山革命事業的最大支持者，曾經撥款百萬，資助陳少白主持的黨報《中國日報》。1907年孫眉回港定居時，二兄弟又贈與孫眉房地產，協助其重新創業。

陳芳與廣東家鄉的原配生有二子，即陳龍與陳賡虞；和朱莉亞‧費耶瑟又生二男十二女，共育有子女十六人，家大業大，無人能與之匹敵。1961年，一個以陳芳故事為背景的小說「Chun Ah Chun」問世，原作者即是著名的美國作家——傑克‧倫敦（Jack London）。後來將它改編成音樂喜劇《十三個女兒》（Thirteen Daughters）搬上百老匯的舞台，則是陳芳的曾外孫Eaton Magoon, Jr.。

夏威夷與現代中國之父

我的夏威夷……我在這裡求學成長，認識了現代文明、現代政府和她代表的含意。

——孫中山

孫中山能到夏威夷求學並完成革命志業，其兄可謂第一功臣。孫眉於1871年隨母舅到夏威夷謀生，起初在菜園和牧場打工，後來在茂宜島經營牧場成功，贏得「茂宜王」的頭銜。有經濟基礎後，孫眉於1879年把十三歲的弟弟與母親接到夏威夷，並支助他上英國國教派創立的伊奧拉尼中學。該校提倡本土文化並且推廣議會民主，為栽培原住民貴族子弟而設立，但也收了七個中國學生，補人數之不足。未及三年，孫中山在全校英語寫作比賽中獲得第二名，並接受卡拉卡哇國王親自頒獎。

此時距離南北戰爭結束（1863）不到二十年，林肯總統發表的匹茲堡宣言，對國難當頭，有理想抱負的孫中山產生之震撼力，自不可言喻。他在《三民主義》中寫道：「林肯氏曰：為民而有，為民而治，為民而享者，斯乃人民之政府也。有如此之政府，而民者始真為一國之主也。」1921年6月，在《三民主義之具體辦法》中又說：「這句話的中文意思，沒有適當的譯文，兄弟就把它譯作：民有、民治、民享。Of the people就是民有，by the people就是民治，for the people就是民享。林肯所主張的民有、民治和民享主義，就是兄弟所主張的民族、民權和民生主義！」

繼伊奧拉尼中學後，孫中山繼續入公理會傳教士開辦的歐胡學院（Oahu College，後改名Punahou College——普納厚學院）就讀高中。半載後，因父兄聯合反對他受洗而被迫回國[1]。繼而，他轉往香港學醫。行醫數年後，放棄從醫而矢志革命。

1894年他回到夏威夷，在艾瑪巷（Emma Lane，聖安德魯教堂旁）何寬寓所成立第一個革命團體——興中會，籌募廣州起義之經費。華人在中國城戲院聽到二十八歲的孫中山演講後，無不泛起革命激情，紛紛解囊。興中會初期的一百五十三位會員中，半數以上居住在夏威夷。十一次的武裝起義，夏威夷華人共捐款二十五萬美金，在當時是筆龐大驚人的數字。尤其是，出錢者多數為小商人、甘蔗工，有的還向銀行貸款。孫眉不惜一切支持革命，前後捐出六十萬美元，最後傾家蕩產，不得已回到香港重新創業，於1915年病逝於澳門。

夏威夷在中國近代歷史上的每個緊要時刻都扮演了關鍵性的角色，冥冥之中似乎有一股不可阻擋的力量。1896年，為強化興中會的影響力，孫中山又回到夏威夷，在中國城不期然遇見昔日香港醫學院的英國老師康德黎（James Cantlie）。兩人匆匆交換地址後便相約在倫敦見。到倫敦後，便在康德黎介紹的倫敦法律大學宿舍（8 Gray's Inn Place）住下。他萬沒想到，在經常往返大英圖書館及老師寓所的途中，已被滿清偵探從紐約一路緊盯，並被誘至使館囚禁，密謀將他偷運回國斬首。他最終買通送飯僕人，秘密函告康德黎。康德黎先向英國政府求救無效，便親自站在使館外面擋住孫中山被押送碼頭，同時向各大日報投訴。結果《地球報》以頭條新聞刊出：「驚人事件！謀反者被綁架！中國使館囚禁人！」這一來，英國人民群起指責英國政府，首相薩斯倍瑞伯爵（Lord Salisbury）只得下令中國使館放人，讓孫中山在千鈞一髮之際逃離險境。

事後，他在自傳裡寫道：「檀島之邂逅，真有天倖存焉。否則吾尚無由知彼之歸國，彼也無由知吾之來倫敦也。」

---

1. 南國王街（South King Street，或南京街）有一棟建築中國味的教堂，據稱，設在中國城城堡街的舊址是孫中山常去的「夏威夷第一華人基督教會」，於1926年遷至目前的位置。

21世紀——給世界的驚奇

時光流轉至21世紀初。誰能料到，波利尼西亞人與台灣原住民及遠古中國東南沿海的百越民族竟是同源同祖的南島語族？這是近十年多來太平洋考古與人類學上的一大突破，給世界人類起源探討掀起的一大高潮。

自1930年代起，一些考古學者們根據新石器時代的出土物比較，推測夏威夷人祖先可能在東南亞和中國沿海一帶。70年代後，更得到一些語言學家的支持。2006年，時任畢士普博物館焦天龍博士、夏威夷大學考古系教授 Barry Rolett，以及浙江、福建的諸多考古學家，在杭州錢塘江口跨湖橋掘出一艘5.6公尺長、0.52公尺寬，帶有邊架船的獨木舟和風帆殘骸，該舟之結構酷似波利尼西亞人的連體獨木舟，木槳也與波利尼西亞整木刨製的相似。出土物中並含驚人數量的稻穀、海底動物骨遺存，顯示當時人類生活已從農獵擴及海洋方面。經碳14鑒定，出土遺址距今已有七、八千年之久。

學者們將出土的獨木舟、木槳，以及福建黃土侖、曇石山、浮濱等地出土的石器，與波利尼西亞出土文物比對後，發現兩地物質文化有多處相同；而錢塘江口跨湖橋的竹篾編織物，與太平洋民族誌中記載的三角帆吻合，可確定是一艘適於遠洋的獨木舟。故結論出：遠自六、七千年前，中國東南沿海的居民即常駕獨木舟往返台灣海峽，從觀察星象、風吹鳥飛、海浪動向，練出跨海遠征的本事。他們從老家向南至台灣、逐步遷徙到菲律賓、印尼；向西遠至印度洋的馬達加斯加；向東至美拉尼西亞、麥克羅尼西亞、波利尼西亞，以

田螺山木槳，畢士普博物館「失落的海洋文化」展，2007年。

及紐西蘭、復活節島，最後以夏威夷群島為終點。此一觀點亦獲得今日美國最熱門聞名之地理學及生理學家嘉瑞·戴蒙（Jared Diamond）之贊同。

大體上，波利尼西亞人偏好連體獨木舟，麥克羅尼西亞人則喜歡用有邊架的獨木舟。前者適宜長途遠航，平衡力強，重量達5噸之多，可載三十至一百人及所需之食物，能航行3000至6000海哩。如果探險徒勞無功，也有足夠能力從數千哩外的海域返回出發地。

跨湖考古遺址實景（焦天龍博士提供）

除考古和語言學家外，近年來又有遺傳學者加入研究行列。紐西蘭維多利亞大學生化系教授喬治·查伯斯（George Chambers）利用人體細胞與頭髮的DNA探索酒精中毒者與遺傳關係時發現，波利尼西亞人的祖先最初是從台灣與中國大陸遷徙到菲律賓、印尼、西波利尼西亞、東波利尼西亞，最後到達紐西蘭。數據顯示，波利尼西亞人中的遺傳變化比其他人種少的多。兩個亞洲人中，有相同DNA的比例是1比112,000,000。兩個歐洲人中的比例是1比47,000,000。而波利尼西亞人中，每6、700,000人中就有兩位的DNA是相同的。遺傳因子變化少的原因是，波利尼西亞人素來以遙遠孤立的島嶼為家，僅僅是太平洋上就有兩萬多個島嶼，超過整個世界陸地面積的25％。

遷徙路線圖（來源：焦天龍）

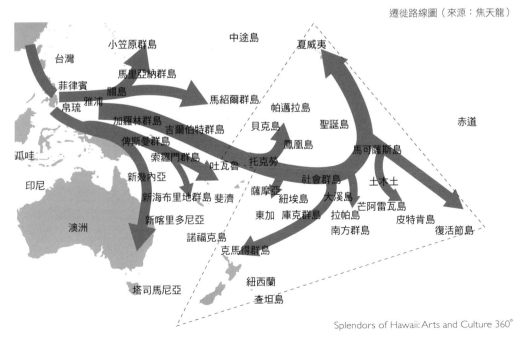

多元民族混合的Reeves大家族百周年慶　2012

3. 世界縮影

移民為主的社會結構｜洋涇濱好溫馨！

波利尼西亞語｜本地人的吃｜

夏威夷人之痛──生活與教育｜

男士盛裝──阿囉哈衫

移民為主的社會結構

　　世界上沒有任何地方比得過夏威夷：面積嬌小，人口一百三十五萬的群島上竟有二、三十個國家的移民。由於種族優越感不存在，無人會為個人的膚色體型與眾不同而敏感。過去的兩百多年間，東西文化在此交會，亞洲人與西方人，先來與後到者，經過世代雜居通婚，將近四分之一的夏威夷人是多重混血。特別的是，他們相互接納，交而不融，各自守護著傳統文化習俗，和早期美國大陸的移民，為盡快融入民族大熔爐裡，完全脫離母文化的情形恰恰相反。

　　19世紀中到20世紀初，世界各國的移民總數達十八萬四千人。起初，中國移民最多，但1882年的排華勞工法案禁止僱用華人後，經營者便到日本招工，至1910年時日本人已超過中國人。不過此後的十年，日本人因受雇主歧視、工資低於歐洲移民而常罷工，於是經營者便轉向菲律賓招工。1940年時，菲律賓移民倍增，高於所有亞洲移民。目前亞裔中，菲律賓人為14.6%，日本人居第二13.6%，其次為韓國人5.9%、中國人居末位，僅4.7%。歐洲人中，德國人最多7.4%、愛爾蘭居第二5.2%、其次為葡萄牙人4.3%，以及義大利人2.7%。越戰後，有數千越南、寮國移民來此。今日亞洲人和亞洲混血超過總人口的50%。白人占23%左右，而百分之百純血統的原住民僅有九千人左右，有混血成分者則不及總人口之10%。

　　日常生活中，夏威夷人慶祝所有美國節日，也過各民族的重要節慶：感恩節、聖誕節、新年、中國春節、日本的男、女兒童節、中元節、韓國節、原住民的卡美哈梅哈、卡拉卡哇誕辰。一年到頭，卡皮歐拉尼公園內舉辦無數的歡樂慶典及各民族的年會。

洋涇濱好溫馨！

　　早期各族群在甘蔗田打工，彼此想溝通時，卻無共同語言，便出現了一種容易上口， 並簡化英語發音和文法的洋涇濱（pidgin English）。需要把舌頭放在上下牙之間發音的冠詞「the」，用洋涇濱則唸成「da」，與中文的「大」同音。「Da kine」相同於中文裡說不出來的「那個、等等」，可意會不可言傳的話。

　　洋涇濱融合了各民族的家鄉話，比如老人家對孫子說：「You like banana, you wikiwiki kau kau mai tai.」前半句是英文，「wikiwiki」是夏威夷原住民語「趕快」，「kau kau」是「食物」，「mai tai」是大溪地語「好」的意思。意思就是：「你喜歡香蕉就快吃吧。」又如，「馬納普阿」（manapua），即叉燒包，是原住民語裡的三個字「mea」(東西)、「ono」（可口）、「pua'a」（豬肉），連起來就是「裡面有好吃的豬肉的東西」。

① 琉球人年會，卡皮歐蘭尼公園舞台，2012年。
② 慶祝卡美哈梅大帝誕辰韓國後裔遊行，2012年。
③ 5月1日花環日，火奴魯魯市長主持儀式。圖為加冕花環女王後，伴其回座位。
④ 台下觀賞呼拉的觀眾是夏威夷多元民族的鏡子。

現在的日常生活中大家都以英語溝通，洋涇濱已很少在公眾場合聽到。但許多原住民語已成為日常用語，如「本地人」是「卡馬愛那」（kama'aina），「聰明」是「阿卡麥」（Akamai），「終了」說「泡」（pau），「再來一次」是「漢娜後」（hanahou），都是人們經常掛在口邊的話。

現已白髮斑斑的移民第二、三代子女會告訴你，洋涇濱是族群凝聚力的鄉音。它未能

流傳是因為1920年代,在島上生活的英、美人士唯恐英文語法受其影響而惡化,反對洋涇濱,移民子女在學校常被老師斥責懲罰。但現在人們憶起舊日情景,反而覺得溫馨有趣,甚至有社會學家提議將洋涇濱尊為文化遺產來保存。

波利尼西亞語

波利尼西亞語屬於南島語系,然每個地區的說法不盡相同。如:

	夏威夷	東加語	馬來語
椰子	niu	niu	niyur
眼睛	maka	mata	mata
魚	i'a	ika	ikan
石頭	haku	fatu	batu

來源:Samuel H. Elbert

夏威夷語只有十二個字母,五個母音,七個子音。但語中多母音,而且必需把每個音都發出來。有的地名中出現相連的雙母音,如「Makapu'u」、「Kakaako」。唸出來即是「馬卡普唔」和「卡卡阿口」。但需記住一點, 所有的路名皆與本地的歷史、人、事有關。例如,72號公路的全名「Kalaniana'ole」是庫西澳王子的姓,讀音「克拉尼阿那哦雷」。把舌頭放鬆,一骨碌的就出來了。

另一條公路「 Likelike」是莉莉烏可蘭尼女王的胞妹之名;而一條叫「Wiliwil」街的則出自夏威夷的原生植物,生長在乾旱的森林區,是早期王室貴族製作衝浪板專用的木材,或做近海使用的「哇阿」(wa'a),即獨木舟。

本地人的吃

在夏威夷,不管是哪種東方口味,經過本地廚子的調理,總有幾分不到家,真材實料難求是其主因,另外,過去餐館流行的「雜碎」(chop suey)仍左右人們對中餐的認知。 好在美食名廚不少,國際馳名的美食烹飪家Alan Wong,在國際間的排行榜上一直居高不下。南國王街的法國名廚Chef Mavro也不甘落後,絕不讓愛吃的老饕失望。

夏威夷人特別愛上館子,經常可見數代同堂聚餐的景象。這並不奇怪,因為波利尼西亞文化源於東方傳統,家庭成員關係密切,數代同居一個屋簷的家庭相當普遍。一道大菜「卡魯阿」(kalua),把豬肉、雞肉、魚肉埋在高溫加熱的土坑裡烤熟,和叫化子雞的做法異曲同工,配合搗碎的芋頭「婆伊」(poi)、提葉蒸肉絲「姥姥」(laulau)、生魚粒、「婆客」(poke)、韓國泡菜魷魚(kimchi taco)、米飯、椰子布丁(haupia)等食物,就是一桌琳琅滿目的波利尼西亞饗宴「爐熬」(lu'au)。

芋頭是做「婆伊」的莖塊植物，原住民成人平均一天消耗十至十五磅，嬰兒也以它為主食，更重要的是它的含意。在神話中它是人類的祖先，是天（Wakea）地（Papa）所生的第一個不幸夭折的孩子，埋在地下後長出的植物，「Haloa」，是地球上第一個人類。原住民的「家庭」一詞「ohana」，即從此演變而來。人們相信芋頭大小的莖

原住民平均每日消耗10至15磅之芋頭，煮熟後先磨成泥漿再食用。

葉代表著父母「makua」和子女「keiki」。當一碗「婆伊」端上桌，一家人圍坐一起時，祖先「Haloa」即在場觀看。家庭內的任何爭執，此時必須終止。

夏威夷人叫小菜「噗噗」（pupu），其中，「婆客」十分流行, 把生魚切成小方塊後，加上東方味的佐料──辣椒，日本芥末或海藻。在阿拉莫阿娜（Ala Moana）購物中心地下的速食街可品嚐到世界各國的飲食。此外，葡萄牙移民的香腸豬腳湯、琉球移民的牛尾湯、廣東點心、蒙古涮羊肉、日、印、韓料理等具有移民色彩的食物亦應有盡有。

本地人獨家經營的連鎖餐館Zippy's，提供各種風味的食物，如中國牛尾湯、日本壽司，墨西哥辣豆和玉米湯，以及把漢堡牛肉放在米飯上，再加個煎蛋的「咯口蘑口」（Loco Moco）。更鮮的是那個叫做「Spam Musubi」的火腿飯捲。做法特簡單：把Spam牌的罐頭火腿切一片下來，放在一糰米飯上，上面覆蓋一片紫菜，加熱就行了。這和道地的日本飯糰子相差十萬八千里，唯有在夏威夷才有這樣的吃法。7-11 的速食架上都能找得到。

夏威夷人之痛──生活與教育

本地人常自嘲，高居美國第一的房價與生活指數是生活在天堂的代價。火奴魯魯的摩天大樓，不比亞洲和美國大城市，建築與公共設施也較保守，比不上東京、紐約新鮮刺激，但物價卻比其它大城市有過之而無不及。2013年美國華爾街市場觀察報導，夏威夷物價與生活費之高，超過全美國總平均的78%。

面積955平方公里的歐胡島，可居地僅有三分之一，餘下是保護區和農耕地，但州內有

75% 的人口聚居於此。茂宜島的經濟次於歐胡島,而物價、房價與歐胡島不相上下。主因是,大部分生活物資,包括石油,皆需從美國內陸進口。海、陸運費、碼頭人工、附加商業稅等使物價節節上升,除靠觀光、聯邦政府補助外,夏威夷無其它資源、電腦或生化科技。

夏威夷國民住宅管理局(Hawaii Public Housing Authority)2013年公布,年收入在五萬四千美元的單身者是處於掙扎線上者,需靠政府房屋補貼;有兩個孩子的家庭則必須有七萬八千三百美元的年收入才夠生活。而許多個人的所得並非來自同一薪資,不少人有數份工作。相形之下,一般夏威夷人年收入換得的生活條件,遠不如其它州年薪五萬元收入的中等家庭。

儘管各方面的挑戰,夏威夷人的平均壽命卻高得驚人。據美國疾病控制預防中心之調查,本地居民平均比美國大陸人多活16.2年!由於環境氣候宜人,夏威夷人可常年在外活動,無形中降低了生活壓力。八、九十歲以上的退休人士仍在社區做志工或在海上衝浪的,亦為司空見慣之事。

教育方面,州政府多年來一直處心積慮改進教育,但無明顯績效。十二年國民教育,因經費不足或其他原因,無法與私立學校相比。但一流的私立學校招收人數有限,入學競爭從幼稚園階段即開始,而學費逐年往上調漲百分之六、七,若不是有六位數字以上的年收入,實難負荷。

裘蒂安迪考特(Jodi Endicott)作品,我們是這樣學習的(The Way We Learn),6.5x 20x 20(英尺)。

卡拉卡哇國王節,大溪地女酋長著傳統服飾於卡皮歐拉妮公園,2007年。(左圖)卡美哈梅哈誕辰遊行,花車上站立者為國王之武士,2014年。(右圖)

學費昂貴之外,工作機會有限是另一大問題。夏威夷以觀光產業為主要經濟來源,因此志向不在於此的年輕人多往外州求學,畢業後則留在外州工作,即使目前州政府努力推廣科技,然人才難求,企業在島上生根的成功率不足吸引投資者。

男士盛裝——阿囉哈衫

說來日本後裔都會吃驚,阿囉哈衫是第二代日本移民於1915年開發的商品。此後多年,度假的美軍及眷屬常買回去做紀念品。1959年後,紡織品廠商沙辛(Alfred Shaheen)將阿囉哈衫的設計、印花、縫製過程合併在同一工廠裡,以便大量生產。饒富吸引力的圖案,給夏威夷的成衣製造業帶來一股新氣象。

1946年,火奴魯魯商會出資,請人設計一款適於夏日上班族穿著的阿囉哈衫,但當時市政府只允許政府職員在6至10月間上班時穿運動衫。翌年,本地青商會發起宣揚文化傳統及本土意識的阿囉哈週(Aloha Week Fesitval),於是穿著阿囉哈衫的男士和姆姆裝的婦女們進出各酒會慶典,使它成為新鮮時尚。

但一直到1961年,貓王普利斯(Elvis Presley)穿著阿囉哈衫的照片出現在新版唱片封套上,阿囉哈衫的地位始屹立不搖。現在,無論上班,出席宴會,甚至更慎重的喜慶喪葬,男士都著一襲阿囉哈衫,再也不必西裝筆挺的受洋罪了。1991年,阿囉哈週改名為阿囉哈節,並一直沿用至今。

皇椰子家果園Royal Grove Garden每日傍晚有呼拉教學及演出

4. 威基基
度假文化先導
豪華酒店——旅遊產業之始｜老字號酒店

今日的威基基已成為夏威夷的代名詞，但它幕後的秘辛卻少有人知曉。20世紀初，它的開發帶動了夏威夷群島及亞太地區的觀光業。優質海灘、五星級旗艦酒店、波利尼西亞的風情，成功地打造出人間仙境的形象，營造了今日的度假文化。據統計，夏威夷2014年觀光業之總收入逾一百四十七億美元，相當於全州總收入的三分之一，觀光客破八百三十萬人次。預計2015年的觀光人次將超過八百五十萬。

豪華酒店——旅遊產業之始

威基基於1889年開始步入現代化，營造商班傑明·迪領漢（Benjamin Dillingham）用一條木軌火車將威基基和歐胡島西邊的艾伊阿（Aiea）、北邊的喀湖庫（Kahuku）及中部崴帕胡（Waipahu）的甘蔗、鳳梨園區連接起來，提高了往返工地的時效，在此之前人們只能依賴馬車或步行。二戰後該「大眾捷運」被汽車業擊垮，所有木軌被拆毀，地面被鋪為柏油馬路，如今政府處心積慮的節能減碳，後悔當日短視。

第一家豪華旅館——莫阿娜大酒店——於1901年在威基基開業，一流的設備和享受，如電話、澡缸、沙龍、彈子房、電動升降機等，展現進步社會的物質生活，以及威基基無限的觀光潛力。1920年，新政府以沼澤有害健康為理由，在威基基邊緣鑿阿拉外運河（Ala WaiCanal），用挖出的泥土填埋威基基的濕地、農田和養鴨池，以整平凹地，拓寬範圍。住在該處的原住民被勒令遷移他處。資本龐大的迪領漢公司得標後，於1928年完成運河挖掘。竣工後，以為可以重返家園的居民卻發現住所已被夷平，只得遷往歐胡島東北部海邊的外曼娜羅，歐胡島北邊的外美亞及北岸（Northshore）的荒地，重新再起爐灶。

威基基變為乾燥的平地後，地方政府便企圖將它發展成太平洋的威尼斯，在海灘建住宅區，吸引富人購買房地產。此構想未能實現，一棟棟的度假酒店卻如雨後春筍般出現，為日後威基基奠下觀光業之雛形。如今長達3.2公里，25 英尺深，250英尺寬的運河看似風光明媚，實際上暗藏危機。東邊卡皮歐拉妮公園直通到海的計畫，因當時經費不足而停頓，

1906年時阿拉外運河附近的養鴨池。（左圖） 威基基第一夫人莫阿娜酒店，1908年。（中圖）（來源：Hawaii State Archives）連接威基基與歐胡島西部的木軌電車，二戰後被汽車業擊垮。（右圖）

馬季・坦內（Madge Tennent） 夏威夷之奧林匹亞 油畫

形成半潭死水。經年累月，附近山區流下的污泥造成淤塞，市政府需定期淨水、挖掘淤泥，防止颱風時洪水氾濫。

為招攬豪華遊輪的渡假客，1920到1940年期間，夏威夷出現別具一格的裝飾繪畫（Hawaiian Art Deco）。瑞典人威廉・麥森（William Matson）創立的麥森航運公司（Matson Navigation Company）僱用藝術家大量繪製太平洋的風情畫，裝飾豪華遊輪及其相關產業——皇家（粉紅）大酒店——的廳室。

這些作品立竿見影，除宣傳有道外，作品風格直接打入人心，至今仍廣被複製於各種商品上。約翰・凱利（John Kelly）的版畫，將波利尼西亞少女的動人姿態及日常生活描繪得絲絲入扣。

尤金・薩非吉（Eugene Savage）以恢宏的主題、大幅畫布和壁畫，呈現古代酋長貴族的宴會（luau）、慶豐宴等絢麗場面，一切象徵波利尼西亞文化的圖騰——華貴的羽毛披風和儀仗、豐美的果實鮮花、呼拉、樹皮布等，在他的彩筆下展現令人心馳神怡的光環，即使歡樂之景物是藝術家彩筆下的假象。馬季・坦內（Madge Tennent）的主題人物受到高更（Gauguin）的影響，但使用重彩堆疊的技法近似梵谷，三人中僅有她的作品打進純美術領域。

1960年始，威基基進入新開發階段。政府投入上百億資金，打造卡拉卡哇大道和兩旁之商業區，並將海港、海灘、公園、鑽石頭（Diamond Head）接成一條線。得天獨厚的環境氣候、波利尼西亞的文化背景、世上首屈一指的海灘，別看它只有2平方公里，海灘僅2.4公里長，卻有三到四萬間客房，提供十七萬個工作機會。一日所得，抵得上大溪地一年的

❶ 莫阿娜衝浪人酒店中庭一〇九歲之老榕樹。　❷ 莫阿娜衝浪人酒店外觀。　❸ 莫阿娜衝浪人酒店二樓陳列室。

觀光收入。從昔日每星期數百人，增加到每日六至八萬的旅客，威基基創造了世界奇蹟。

老字號酒店：

❶ 莫阿娜衝浪人酒店（Moana Surf Rider Hotel）

　　即使今日酒店已多得不勝枚數，但三家老字號的酒店如陳年老酒，依然各領風騷。威基基號稱「第一夫人」的莫阿娜衝浪人酒店（今名Westin Moana Surf Rider Hotel），原屬於一位彪悍勇猛之酋長，1901年開幕時，騷動整個太平洋地區，帶來第一批從美西海岸乘坐S.S.Lurine蒸汽遊輪來的觀光客。其建築風格帶有夏威夷風情和19世紀古典藝術之氣派，雖然多次易主整修，仍然保留了典雅的儀態風華。二樓電梯旁有間小型陳列室，展出昔日保守的男女泳裝，名人遺物手稿，以及20世紀初的觀光遊輪影片。

　　酒店的寶貝，是那株一〇九歲，高75、寬150英尺的印度老榕樹，1979年被列入稀有樹木重點保護專案。據說《金銀島》作家路易斯‧史蒂文生常在此樹下寫詩；溫莎公爵八世1920年造訪夏威夷，也曾在其下翩翩起舞。1935年時，電台主持人韋布利‧艾德華茲（Webley Edwards）在此製作的《夏威夷呼喚》（Hawaii Calls），被美國大陸六百多個電台

Boat Day in Hawaii

Before 1935, there was only one way to get to Hawaii: by ship, with a transit time of about five days each way. That fact, coupled with the high rates that were charged by the better ships, meant that most Hawaii visitors were well-people with plenty of time to spare. These lucky folks were pampered on the ships with lavish foods and attentive service.

Upon arrival in Honolulu they would be greeted at the docks by the Royal Hawaiian Band and energetic hula dancers, with seemingly half the town in attendance to meet family and friends. (An arriving ship also meant possible celebrity-spotting.)

Departure days drew crowds as well, but the mood was different — sad farewells and weepy partings were the rule for those who were departing. Many boarded with leis to be tossed sentimentally overboard as the ship departed.

The Heyday of the Thirties and Forties

Through artistically minded advertising and highbrow promotion, Hawaii's image reached its romantic peak in the 1930s. The Hawaii Tourist Bureau and Matson Lines produced colorful advertisements picturing the sweet set at play in the islands. "Hawaii Calls" began its forty-year run of weekly radio broadcasts, emanating from the Moana's Banyan Court, to spread Hawaiian music internationally.

Celebrity vacationers included Hollywood's brightest stars (trailed by news photographers) who'd relax "before shooting begins on my next picture." Shirley Temple's 1935 visit was marked by her performance of On The Good Ship Lollipop from the second floor balconies of Iolani Palace for thousands of fans who jammed the grounds. In the meantime, the movies used Hawaii as a setting for everything from mysteries to musicals with an emphasis on the latter. Hawaii Calls, from 1937, starred another child superstar, Bobby Breen, in a stowaway adventure tale.

搶播。由於名聲遠揚，世界級的傳媒主持人都不願錯過在老榕樹下做現場轉播的機會。

② 皇家夏威夷酒店（Royal Hawaiian Hotel）

相去不遠的皇家夏威夷酒店，完成於1927年，是「五大企業」成員與麥森航運的合資產業。因建築粉紅，本地人給它冠上了一個浪漫的別名，「粉紅宮殿」（The Pink Palace）。從皇家夏威夷購物中心（Royal Hawaiian Shopping Center）進去，穿過參天的老樹，入大廳往右轉，即可望見正後方一框蔚藍的天空。從庭院到室內外，在西洋建築的脈絡裡看見中國建築空間的陰陽手法，不論是巧合亦或建築師的匠心獨具，不免為之欣喜。實際上，該酒店融合了西班牙摩爾式建築風格，伊斯蘭式的拱門、彩繪的樑柱，營造出浪漫華麗而高雅的氣氛，是好萊塢影星、富豪常下榻之處。珍珠港事件後，一度借給美國海軍渡假使

❶皇家夏威夷酒店外觀　❷威基基皇家夏威夷酒店摩爾風格迴廊　❸筆者常攜訪客到此觀賞別樹一格的建築。　❹綠蔭覆蓋的景觀與皇家夏威夷中心（Royal Hawaiian Center）是過去帕烏阿西公主的果園，其銅像在椰子樹下。皇家夏威夷酒店即在後方。

用，至1947年恢復正常營業。

2008年始，皇家購物中心經過三年整修翻新，在昔日皇家椰子林（Royal Grove）處增加了新的景觀，並設呼拉舞台、綠蔭，供人觀賞演出。這塊高級商業區，是帕烏阿西公主遺留給原住民子孫做為教育的資產之一（畢士普房地產公司經管），如今是卡美哈梅哈學校的經濟來源。除了投資營利，也同時強調文化傳揚，每日提供不同的免費教學，課程包括布藝、呼拉、四弦琴、串花環等。

③ 哈雷庫拉尼酒店（Halekulani Hotel）

「Halekulani」，夏威夷語意為「天堂之屋」，於1907年完成，位在威基基海灘靠近德魯希堡公園（Fort Derussy），是建築最具有「夏威夷特色」的酒店。不僅是因為它有一間波利尼西亞式建築的餐廳酒吧「無鑰匙之屋」（House Without A Key），而是整個酒店由本地建築師利用自然條件設計而成。

「無鑰匙之屋」的名氣頗大，不少遊客慕名而來。它古樸高雅，四面通風，門窗開敞，內外不分。筆者起先以為它因此而得名，後來才知道它是以比格斯（Earl Derr Biggers）1925年出版的第一本陳查理偵探小說《無鑰匙之屋》命名。由於陳查理扮演典型智勇雙全、卑躬屈膝，英語中參雜著中國口音的中國人角色，一炮而紅，連續被拍成四、五十部電影。而陳查理的靈感，則來自當時夏威夷的華裔警探鄭阿平。

麻省理工學院畢業的建築師查理斯・第基（Charles W. Dickey），出生於加州，祖父是夏威夷的第一批傳教士。第基以「夏威夷風格」的建築打響名號，強調利用天然環境優勢，不開冷氣，讓習習涼風流通室內外，哈雷庫拉尼酒店是其經典作。他的設計影響後繼無數的建築師，其中最著名的，即是設計火奴魯魯國際機場的俄裔建築師弗萊德米爾・歐斯帕夫（Vladimir Ossipoff），甚至2014年普立茲克國際建築獎得主──日本建築家阪茂（Ban Shigeru）的作品中也有其影子。對本地人來說，哈雷庫拉尼最能代表夏威夷室內裝飾美學和親切感。

雖然幾經易手，目前屬於日本三井不動產，它一直保持昔日的「夏威夷味」。該酒店也是本地文化藝術的贊助者，是唯一免費提供顧客音樂會、美術館、博物館入場券的五星級酒店。

日落時分是酒店業精心營造，讓

哈雷庫拉尼酒店中「無鑰匙之屋」露天餐廳

哈雷庫拉尼酒店一隅。（上圖）　哈雷庫拉尼酒店多功能內廳。（下圖）

遊客流連忘返的噱頭。當水平線上閃出一道綠光，一個裸露上身的健美男子，用海螺吹出長長的一聲號角，手持火把，將每條街上、海灘邊的火把點燃，十分戲劇化的拉開威基基夜晚的序幕。

每星期二、四、六、日傍晚，離庫西澳海灘步道邊的杜克・卡漢那莫庫（Duke Kahanamoku）銅像不遠處，有一珊瑚石築成的高台，在此可觀賞到免費的呼拉及說故事，表演者多為呼拉名師之徒或比賽獲獎者。

演出時間：
春、夏、秋季　6:30-7:30 PM
冬季（11、12、1月）6:00-7:00 PM
www.waikikiimprovement.com/waikiki-calendar-of-events/kuhio-beach-hula-show

❶ 游泳衝浪全能──杜克・卡漢那莫庫銅像　❷ 庫西澳海灘與忘憂海灘遊人較少。　❸ 傍晚威基基散步道。　❹ 庫西澳海灘呼拉演出。

本地人喜愛的休閒空間——卡皮歐蘭尼公園

5.本地人的威基基

滄海桑田與王室遊樂場

「Waikiki」夏威夷語是「湧出的泉水」之意。早期，它一直連接到馬諾阿、帕洛洛一帶山谷地區，即是屬於前面提過的「阿呼普阿阿」之土地分配系統。彼時山上、海邊湧出的泉水在威基基匯成一片沼澤，水鳥、椰子樹、魚塭和沙洲遍布其間，構成阡陌縱橫的田園景象。15世紀時，島上的酋長卡拉瑪庫吾阿創出一套引水系統，將威基基和附近山谷流下的泉水導向芋田和養殖場。

西方人來開發甘蔗、鳳梨田後，所有水源被蔗田和鳳梨田壟斷，破壞了阿呼普阿阿的灌溉體系。庫西澳海灘上矗立著一個衝浪板，那即是古代的一個泉水口。今日凱悅酒店 (Hyatt Regency) 所在地是昔日的椰子、芋頭田，所以那條街叫「Uluniu Avenue」，「uluniu」即是椰子。

目前海邊唯一存在的古蹟，是離衝浪板咫尺之遙的四顆「生命石」。16世紀時，大溪地的四位自然法理療師來到夏威夷給人治病。數年後在返回老家賴阿提亞（Raiatea）之前，他們要求將兩塊大石頭放在曾住過的Ulukou，另兩塊則放在他們經常海浴的地方。後來這四塊石頭被移至此處，並用鐵欄圍住保護，可惜很少有人駐足關心。

卡美哈梅哈一世於1809年自大島遷都至火奴魯魯，以便親自監督日益昌盛的經濟活動。當然他還另有企圖。威基基有世界最高的波浪，從2至8英尺到35英尺高，而衝浪是波利尼西亞人帶來的全民健身運動，上至國王，下至百姓，個個都是好手。幾百年來，王室貴族以威基基為據點，娛樂與施政同時並行。衝浪、獨木舟賽、星光下騎馬漫遊是當日最普遍的活動。

❶ 20世紀初未開發的威基基。
❷ 古代庫西澳海灘邊的泉水口。
❸ 「生命石」組，位於庫西澳海灘邊。

❹ 親水一方的人民公園──卡皮歐拉妮公園（Kapiolani Park）

　　走遍許多國家，尚未見過一個面山瀕海，集休閒、娛樂、運動、人文藝術等多目的公園。位在威基基東邊，這是王國政府出資為老百姓建的首座公園，成立於1877年6月1日，卡美哈梅哈一世的誕辰。卡拉卡哇國王以王后卡皮歐拉妮（Kapiolani）的名字為它命名，對面的「女王海灘」（Queen's Beach）便是由此而來。

　　卡拉卡哇同時也在此建了一個賽馬場，和富人們一起賽馬、打板球。另有一幫商人則在海邊經營民宿、餐館。王室被推翻後，公園被私人占有，後來歸還給新政府，1913年後，即由火奴魯魯市政府管理。

　　今覆地300英畝的公園，包括海灘、綠地，花園、慢跑道、動物園、水族館、卡皮歐拉妮表演台及貝殼音樂會場（Waikiki Shell）。對本地人來說，它像紐約人的中央公園，是大眾喜愛的休閒空間，各種工藝、民族節慶也以它為展演場地。每逢星期六，沿著動物園的牆邊有業餘畫家在此擺地攤。夏威夷人玩威基基，不會到遊人如織的商業核心區，卡皮歐拉妮公園及對面的海灘（女王、忘憂等海灘）才是他們感到親切的生活範圍。

　　卡皮歐拉妮公園也是每年12月國際馬拉松41.6公里全程賽的終點，每年有數萬人從世界各地來參加。

卡皮歐拉妮公園相當於本地民眾的中央公園。　❷卡皮歐拉妮王后銅像。　❸卡皮歐拉妮公園曾是夏威夷王國時期國王及子民的樂場所，此塚為紀念這裡生活過的古人而立。　❹卡皮歐拉妮公園表演台是民眾及遊人免費的娛樂場所。座席自由，老少咸宜。中四弦琴（別名跳蚤琴，Ukulele）琴手卡雷（Kalei Gamiao）受邀演出，2012年四弦琴節。

卡皮歐拉妮公園內貝殼演唱會場是彩虹出沒的地方。

⑤ 貝殼音樂會場 ──彩虹出沒的地方

　　貝殼使人連想起蔚藍的大海，用它的造型做海灘邊音樂廳的建築設計是神來之筆。貝殼演唱會場在卡皮歐拉妮公園的中心位置，是彩虹常出沒的地方。每逢有演唱會時，上千的市民會湧進來觀賞。多數人會帶著晚餐、野餐布，坐在草地上欣賞演出，夜晚天空的星星熠熠閃爍，涼風送爽，譜出一幅幸福的都會生活景象。

查看貝殼音樂會場節目表：honolulu.eventful.com/venues/waikiki-shell-/V0-001-000775102-3

5-a 卡皮歐拉妮表演台──分享感動

　　卡皮歐拉妮表演台（Kapioulani Bandstand）是一開放的多媒體舞台。在此觀賞活動，與來

去自由的眾人共享快樂，是格外特殊的體驗。你也能觀察到夏威夷人的活力和生活態度。表演台集中了歐胡島上大部分的節慶演出，並經常配合週末的工藝集市、各民族節日的活動。猴莢樹下有多排觀眾席，大片綠草坪，讓市民、遊客共同在此享受一個免費的精彩表演，度過輕鬆愉快的一天半日。人們舒展著笑臉，欣喜溢於言表。

⑥ 看蛇要到動物園去

卡拉卡哇國王於1877年開闢的卡皮歐拉妮公園裡，還包括了一個供養奇異鳥類的鳥園。現在的動物園，即是當年的鳥園，佔地42英畝，是九百零五種熱帶動物的家。

夏威夷沒有土生土長的動物。波利尼西亞人從南太平洋帶來了供應肉類的豬、狗、雞，讓他們吃驚的是，老鼠、壁虎、蒼蠅、跳蚤、蜥蜴也做了移民，幸而蛇類不在其中。一般人對吃蚊蟲的壁虎十分愛護，但威脅鳥類生存的蛇類是拒絕入境的，兒童們要看蛇，得到動物園才看得到。外來的鳥類也不少，有一百二十多種。令人還想不到的是，本地有名的植物，如石栗樹、提樹、諾麗果，檀香木，也集體展現在動物園的花園裡。

時間：每日9:00-16:30；聖誕節（12月25日）休。

門票：13歲以上$14，3-12歲兒童$6。

電話：(808) 971-7171

地址：151 Kapahulu Ave, Honolulu, Hawaii 96815

網址： honoluluzoo.org

卡皮歐拉妮公園中的動物園

7 水族館—全美老字輩

　　水族館成立於1904年，是全美第二老的水族館。當時「五大」成員的凱瑟及庫克公司，想利用夏威夷多彩多姿的珊瑚群吸引世人，並希望遊客多利用庫克公司經營的大眾捷運電車到卡皮歐拉妮公園，在此建了水族館。1919年當地契租約到期時，該地皮從私人手中回歸到市政府，水族館也移交給了夏威夷大學管理，直到目前。

　　水族館裡明星級的魚，胡母虎母努庫努庫啊普啊啊（Humuhumunukunukuapua'a）——也是夏威夷的州魚。迪士尼動畫片裡的「尼莫」、大洋洲的奇異熱帶魚、夏威夷原生的海龜、僧海豹，在此與眾人相遇。名字長於實際身軀兩倍的州魚，嘴噴出的水呈藍色。逃避敵魚時，會發出警告聲，所以又叫機警魚（trigger fish）。

　　海洋動物不僅受聯邦法律保護，也受本地生態保護群眾的監督。每到冬季，駝峰鯨（humpback whale）從阿拉斯加游回夏威夷產小鯨時（12至5月），民眾便會帶著望遠鏡在海邊等候，一隻隻的數，一個也不能少！春天是僧海豹的產期，常會出現在海灘上，看見時可要悄悄地走開，勿驚動入定老僧。本地人對這些動物愛護有加，牠們是得罪不得的！

時間：9:00-16:30
特別開放時間：6/12、6/26；7/10、7/24；8/7- 提前半小時閉館。感恩節：9～2:30；元旦（1/1）：11:00～4:30 PM。夏威夷馬拉松日（12/8）、聖誕節（12/25）休。
門票：成人$12；4-12歲兒童$5；3歲以下免費。
電話：(808)923-9741
地址：2777 Kalakaua Ave Honolulu, Hawaii 96815
網址：www.waquarium.org/location-and-directions.html

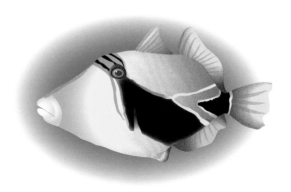

於卡皮歐拉妮公園附近的水族館。（上圖）
夏威夷州魚：胡母虎母努庫努庫啊普啊啊（左頁下圖）

⑧ 奧林匹克游泳池（Natatorium）——也是戰爭紀念碑

從水族館沿著海灘往鑽石頭山的方向往前走不遠，有一古典建物，是為紀念夏威夷參與第一次世界大戰而建的奧林匹克「海水」游泳池，長100公尺、寬40公尺，於1927年開幕。1912年及1920年的奧林匹克游泳金牌獎得主，本地衝浪及游泳健將卡漢那莫庫，是第一個跳下試水的泳者。二戰時，美國步兵在此訓練軍人，以後逐漸失修。對其去留，人們看法各異。反對者認為它長久被海水腐蝕，危害天然環境；贊成者認為它是夏威夷的歷史，值得維護保存。政府則考慮銷毀游泳池而將紀念碑遷移至他處。

過了軍人紀念碑往前走即是忘憂海灘，緊鄰著的即是新大谷卡伊曼娜酒店（New Otani Kaimana Beach Hotel），舊名Sans Souci，法語意為「忘憂」，即忘憂海灘的由來。最早是由瑞典人於1884年經營的民宿，比威基基的老酒店還早十幾年。《金銀島》作者，蘇格蘭作家史蒂文生，於1893年在忘憂民宿小住月餘，對寧靜清幽的環境和美食特別讚賞。他住過的小木屋早已不存在，如今人們慕名而來的，是老木槿樹下的室外餐廳Hau Tree Lanai。雖不比莫阿娜酒店的老榕樹有氣派，卻使人有依偎在老祖母身旁，一邊聽故事，一邊享受佳餚美景的感覺。

⑨ 島上地標——鑽石頭（Diamond Head）

在本地人心目中，鑽石頭就像地面上突起的圖騰，是島上的「富士山」。1825年時，英國的水手在山坡上發現方解水晶石，誤以為是珍貴的鑽石。雖然白興奮一場，「鑽石頭」之名卻已不脛而走。

紀念第一次世界大戰夏威夷參戰軍人奧林匹克游泳池。（左圖）仍然活在人們心中的和平捍衛者，每日皆有人前來獻花。（右

從威基基海灘遠望歐胡島地標——鑽石頭。

其實，它是一個高760尺，約十五萬年的死火山口。從威基基往鑽石山路（Diamond Head Drive），走路即到。若想試試體力，可買票進去，順著水泥扶梯而上陡直的三段台階，頭一段是七十四階，第二段九十九階，第三段三十階。每段設有看台，爬上頂峰，全島景色盡收眼底。

鑽石頭朝威基基方向的懸崖邊，有個叫帕帕恩納恩納（Papaenaena）的神廟，1795年卡美哈梅哈一世在「努烏亞努谷」（Nu'uanu Valley）打贏一場決定江山的血戰之後，在此取下歐胡島酋長的頭顱，舉行活人祭典。除了供奉四百頭豬外，又祭上三個違反禁忌的犯人，和愛妃卡阿胡馬努的情人。該神廟所在地後來被開發商迪領漢購買去建屋，而今是天主教女校La Pietra的校地。

時間：6:00-18:00，年中無休；需4:30前進場。
門票：自駕車$5；休旅車$10；步行者$1。
電話：(808)587-0300
地址：Honolulu, HI 96815　網址：http://www.hawaiistateparks.org/parks/oahu/Index.cfm?park_id=15

夏威夷古代武器，陸軍博物館藏。（左圖） 碉堡變為展覽空間的陸軍博物館。（右圖）

10 陸軍博物館（Hawaii Army Museum）

　　順著卡拉卡哇大道（Kakakaua Blvd）背向鑽石頭走到薩拉托加（Saratoga）路口，即是一片空曠的德魯希堡公園。悠閒自在的氛圍裡，冒出一間陸軍博物館，使人感到一頭霧水。弄清楚，原來海防措施於卡美哈梅哈一世統治時期即已存在。

　　繼庫克船長之後，歐胡島的港口裡多了美、英、西、俄等國的船隻。頭腦靈活的卡美哈梅哈使出外交手腕，一邊拉攏英國，一邊和美國商人做皮貨及檀木貿易。俄國早想在檀木貿易上分一杯羹，但苦無插手機會。1815年差遣使者到考艾島，想索回被當地酋長扣留的沉船及船貨，順便試探情況。沒想到該使者得到國王的信任和優惠承諾後，竟和考艾島酋長勾結，逕自在該島築起了城堡。卡梅哈梅哈大帝豈能視若無睹？結果該使者被驅逐出境，俄國對夏威夷的熱度便降到冰點。有此事件後，卡美哈梅哈大帝便於1817年，在火奴魯魯中國城的皇后街及福特街近海處，造了多個護城堡和四十座砲台，這便是城堡街（Fort Street）的由來。

　　20世紀初美國占領夏威夷後，為保護珍珠港、儲藏戰利品，陸軍工程隊購買下今日德魯希堡公園一帶的74英畝地皮，其中的3英畝地屬於人稱「商業王子」的陳芳，即是後來的蘭道堡（Battery Randolph）建地，亦即現在的美國陸軍博物館。

　　1911年，美軍在此建了一個足球場大的碉堡，內有防衛營、軍醫院及防衛夏威夷的軍事設施。1960年代末期，陸軍本欲炸毀它，但因6.6公尺厚的牆壁無法摧毀，便將它改建成了博物館，展示古代夏威夷、美國革命、西班牙戰爭、一、二次世界大戰、韓、越戰時期的武器及歷史，對軍史外行者亦具觀賞價值。

時間：週二至周六，9:00-17:00。
門票：無，自由樂捐。
電話：(808)438-2821
地址：2131 Kalia Rd, Honolulu, HI 96815　網址：http://www.hiarmymuseumsoc.org/

立於威基基最西邊德魯希堡公園的陸軍博物館。（上圖）卡美哈梅哈一世早於1817年即在火奴魯魯港口造多座護城堡，陸軍博物館藏。（下圖）

寶萊特編織的羽毛裝飾物

6. 生活藝術

浴火重生的波利尼西亞文化｜岩畫｜紋身｜
鳥羽花香──巧奪天工｜
古稀樹皮布｜
航海藝術──波利尼西亞人的榮耀｜
生命的詩──音樂｜
呼拉──夏威夷人的心跳｜當代美術工藝

浴火重生的波利尼西亞文化

自1820年到20世紀初，夏威夷的傳統文化被基督教全面禁止後幾乎蕩然無存。1970年開始，由於幾位本地歌手的提倡，帶有夏威夷風格的音樂開始受到大眾關注。1975年，象徵波利尼西亞航海技術和智慧的「哈庫雷亞號」，試航大溪地，完滿達成任務（見航海藝術，94頁），此一壯舉更激發新生代的文化意識與自信，同時得到其他族群的踴躍支援。日積月累，樹皮布、呼拉、紋身、羽毛及編織，古老儀式、吟唱等再度興起，被譽為卡拉卡哇國王之後的「二次文藝復興」。

原始素樸的波利尼西亞藝術是夏威夷工藝的底蘊，它的產生主要是為了滿足實用功能。比如，能潤膚護髮的椰子油，首先經人工提煉出香精，再把它盛在葫蘆製的容器內，但葫蘆需要放在編織精美的籃子裡，而籃子裡面又必須襯以細緻的草蓆。編織各種藝術就是經過這樣的視覺美化過程而誕生。各類藝術材質與形式包括木器、葫蘆、貝類、魚齒骨、動物骨類雕飾、紋身、岩畫及纖維，後者又分羽毛、露兜樹葉編織、花環藝術、樹皮布製作及印染。

傳統工藝品經常在工藝集市中出現。展售者多半是手工藝品的製作者而非零售商，有夫妻檔，有祖父跟孫子，姨媽跟姪女等。他們的取材不變，編織帽子的、做羽毛髮飾和印染衣服的，總是用同樣的材料做他們拿手的工藝，久而久之，你可以預想出哪個集市上會遇到哪些工藝家。

火奴魯魯美術館正對面的湯瑪斯廣場（Thomas Square），和威基基海邊的卡皮歐拉妮公園是工藝集市的主要地點。參加者皆有自組的管理協會，作品必須是在本地或由本地人製造，參加者亦必須是市民。此外，畢士普博物館（195頁）、艾瑪王后夏宮（192頁）、莫阿娜呼拉節、傳教士之家博物館（154頁），也都有不同規模的工藝會。

特別要強調的是，上述的各類活動，純粹是本地人為創造美好未來生活而發起，非為發展觀光、吸引遊客而為，絕大多數是由社會人士成立的非營利事業經營管理。主辦方本著理想和有效之經營法，使活動能持續有年。

❶ ❷ ❸

❶ 老藝人說，露兜樹結的果可做桔色染料或花環，2012年。❷ 卡美哈梅哈大帝誕辰集市，小朋友學編織玩具。卡皮歐拉妮公園，○012年。❸ 原住民工藝家雕「庫」神。卡美哈梅哈大帝誕辰工藝會，2012年。❹ 精緻講究的盛物籃子，畢士普博物館藏。❺ 裝魚○的籃子；超大葫蘆形籃子為裝酋長衣物使用。❻ 稀有的Kamani木製容器，30英寸深。木心先用火燒成灰，再將周圍修整刨均勻，○掌控不佳，整個容器即被破壞，火奴魯魯藝術博物館藏。❼ 各種用途的木製容器，火奴魯魯藝術博物館藏。❽ 原住民工藝家編織○士頭盔，2012年。❾ 紋身插畫及鯨魚骨雕刻家湯姆‧眉好（Tom Mehau），2012年。

大島火山公園內，Pu'uloa岩石畫。

岩畫

岩畫是遠古原始居民留下的物質遺產，散布在各島上，共有一百五十多處，以大島的普阿科（Puako）留存最多，233英畝的遺址範圍內, 處處可見岩畫。其次則為大島火山公園內的 Pu'u Loa岩畫區，有二萬三千之多。歐胡島上因過度開發，僅餘下九處，有的已被海水掩蓋，有的偏遠不易尋找。這是人類最原始優美樸實的藝術語言，稀有神聖無出其右。一般是刻在火山岩石或岩壁上，圖案簡單，以點、圓圈、曲、直線或鑿刻表示動物、人、獨舟、槳、魚鉤、武器等象徵形象，夏威夷語叫「ki'i pohaku」，「ki'i」是形象，而「pohaku」則是石頭。它的作用，有說是標明領土界限，有說是在越過他人領土時對主人的關照。但比較有說服力的，是石頭與生死禮儀、重要紀事的關係，從島上遺留的生產石可見一斑。（見第七章庫坎尼婁口生產石，204頁）

紋身

紋身，也就是刺青，即是中國古文獻中的文身。最早出現「文身」一詞的是《莊子‧逍遙遊》：「宋人資章甫而適越，越人斷髮文身，無所用之。」意為，北方宋國人到南方的越國去賣帽子，但越人留短髮而且紋身，用不上帽子。「越」指的就是長江以南，從江

蘇會稽至越南交趾的南方少數民族。從春秋晚期紋身斷髮的越王勾踐，以及其子孫後代的「百越民族」，到台灣原住民、波利尼西亞人，都是屬南島語族。

為何到現在才有南島語族一詞？這是因為長久以來，中國學者一直在民族史的前題下探索「百越民族」，西方學者則以「南島語族」一詞研究大洋洲及東南亞地區有淵源關係的族群，二者的主題範圍，直至近年，才借由考古新發現、動植物遺傳因子，產生交集共識。

三明治島（夏威夷）王后Kaonoe，法國航海藝術家Jacques Arago 繪，1843年。（左圖）（來源：http://en.wikipedia.org）上身與腿部有紋圖案的王室武官。法國Jacques Arago及A.Pellion 1819年繪。（來源：Hawaii State Archives）。（右圖）

波利尼西亞人的紋身，除了裝飾目的外，有識別身分、階級、出生來歷的功能，「紋身」是人生中極為重要的禮儀。執行紋身者皆是經過長期嚴謹訓練的男性巫師，熟諳傳統，對圖案的意義、技法、紋身部位，何人、何時可以紋身，進行之前應該注意那些避免沾汙靈魂的事項，完全瞭如指掌。紋身工作者在古代社會裡是崇高的神職人員，他們為追求神明賜予的天職，常終生不娶。

紋身圖案多幾何形，其中也夾雜動物、花、鳥。雖然傳統圖案近年有恢復現象，且原住民後裔多以紋身為傲，但其原始意義和功能已不存在，而時下新潮的圖案則更與傳統無關。

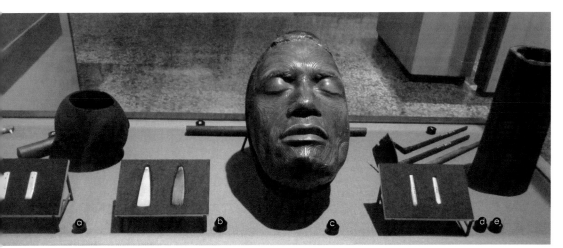

紋面工具：ⓐ 夏威夷鳥骨梳；ⓑ 馬奎薩斯骨梳，紋面師用；ⓒ 紐西蘭紋面師，石膏模型；ⓓⓔ 紐西蘭毛利人鳥骨製紋身工具。

鳥羽花香──巧奪天工

太平洋海域的鳥類豐富，自古鳥羽就被用做裝飾品，尤其是稀有的鳥羽，僅國王才能有，因它象徵神聖、華貴與權威。畢士普博物館內展示的羽毛披篷、羽毛頭盔、權杖，多是用上千、萬稀有的黃、桔紅色羽毛精心編結而成。黃色羽毛來自全身只有一小撮的歐歐鳥，人們在取下鳥身上的黃色羽毛後即將鳥放走，即便如此，歐歐鳥也已絕種。

做一件酋長的羽毛披風需要八萬多隻鳥，四十多萬根羽毛，費時數年才能完成。不但顏色圖案得符合要求，收集羽毛和編結的藝人必須是男性，自小受訓練，熟諳鳥類、採集時間地點，但他必須得到國王授權才可進行。耗時又費工的羽毛披風隨著王室的消失而罕見。如今受動物保護之呼籲，少有年輕人願意從事羽毛創作。

在工藝集市或商品會上偶爾會出現一、兩位工藝家展售羽毛製的帽帶、頭花，所以像寶萊特（Paulette Kahalepuna）在現場示範給人觀摩的鏡頭十分珍貴。問起曾在工藝展示會上見過的一位穿著優雅、髮梢上插著羽毛花的年長女士，才知道那就是她母親，前不久去世的Aunty Mary Lou。此間人以「阿姨」稱呼她們母女倆，語中流露無限敬意。在卡帕胡魯（Kapahulu）街的店裡，跟寶萊特學這項「絕活」的，除藝術家外，也不乏教師、律師和醫生。遺憾的是，寶萊特也於2014年9月去世。

用鮮花串成的花環，「蕾」（lei），據說是大溪地人帶來的傳統。古代呼拉舞者以鮮花供奉舞神拉舞祈求靈感，而今是本地人日常生活裡象徵阿囉哈的必須品。旅行社、接機的親友，都以鮮花環歡迎遠方的客人。

快樂君主節的呼拉賽、畢業典禮、卡美哈梅哈大帝日遊行，所需鮮花可以噸計。[1] 夏威

寶萊特編織的羽毛帽帶。（左圖）跟隨母親從事羽毛編織三十多年的藝術家寶萊特（Paulette Nohealani Kahalepuna）（右圖）。

❶ 昔日光輝再現──卡美哈梅哈大帝誕辰慶典，象徵女王侍女的女子騎馬帶領遊行。David Summers攝影，2009年。
❷ 卡美哈梅哈大帝生日，州內舉行盛大的墜花環儀式和遊行，David Summers攝影，2009年。　❸ 卡美哈梅哈大帝誕辰隆重的獻花儀式。

夷人相信，新鮮花朵串成的花環，會讓對方有幸福臨身的感覺，越多越好。畢業典禮上鮮花堆得滿頭的學生，比比皆是，令人不禁噴飯。每年到了3月底，鮮花店、教呼拉的老師、畢業生家長就開始到花農、山間野外、私人花園，收集、預定鮮花，忙不停的四處打探，就是為了預備5、6月串花環的瘋狂期。

一般說來，花環多用蘭花、雞蛋花、茉莉花、康乃馨做成。婦女們也常在耳邊插朵花，戴在右邊表示未婚，左邊則已名花有主，此為一人人皆知的暗語。另外，石栗果核串成的項鍊、手圈，男女都可用，以黑、褐色最普遍。通常是利用石栗樹（Kukui）的果，外殼打亮上色後串成。過去人們把果肉點燃當做蠟用，每粒可燃十五分鐘，以此計算時間。現在也有人把它做成護膚的乳霜、肥皂或洗髮精。石栗樹是夏威夷的州樹，州政府大廈穿堂的四角即有四株石栗樹大盆栽。在夏威夷人心目中，它象徵希望、光明、平安。

說到「蕾」，夏威夷還有一個獨特的節日。每年5月1日，當冰雪融化，北半球的人慶

1.卡美哈梅哈大帝的誕辰是6月11日，但遊行慶典則在星期六舉行。

祝春天來臨時，本地人則利用這一天舉辦全州盛大的花環日（Lei Day），不論族群，眾家庭在這一天，分享他們在各島上共創的美好生活，互贈花環，熱情擁抱。各島都有特別指定的材料，考艾島居民用當地的藍果子配綠葉；卡好哦拉維島人用海邊自然原生植物「hinahina」的花和枝葉；尼好島人用當地多產的小貝殼「pupu」；莫洛開伊島的材料是石栗果；歐胡島則以古早象徵酋長貴族的小桔黃花（`Ilima）串製花環。

花環日是1927年本地一家日報編輯唐·布蘭丁（Don Blanding）和專欄作家葛雷絲·華倫（Grace Warren）的創意。由於夏威夷四季溫和，無需迎春，以「蕾」為媒體團結夏威夷人豈不甚好？這個想法得到群眾支持，於是自1929年開始，花環日成為夏威夷公定的節日。做花環比賽、草蓆編織、呼拉、演唱會等，都會在卡皮歐拉妮公園出籠。這是老少咸宜，眾人歡騰鼓舞的日子。

❶ 戴著石栗果項鍊的呼拉舞者。
❷ 戴上鮮花的小女孩開心的展示給人看。
❸ 前及右後：原住民的食物贈品，外面包著新鮮提樹葉：桌右—手為穿鮮花頭圈、頭飾，艾瑪皇后夏宮10月工藝會。
❹ 簡單頭飾——用牙籤穿過雞蛋花瓣即做成髮飾。
❺ 石栗果心，瑪格·維塔瑞麗（Margo Vitarelli）示範，馬諾阿傳承中心。

古稀樹皮布

　　樹皮布對遠古的中國人不是陌生物。司馬遷在《史記·貨殖列傳》中提到的「榻布皮革千石」，榻布即是粗厚的樹皮布。製作技術始現於六、七千年前中國南方，流傳範圍廣闊，包括中國南方及整個太平洋地區，廣東、廣西、雲南、海南島、越南北部、馬來西亞、菲律賓、太平洋群島及中南美洲，是環太平洋文明最具代表性的物質文化之一。

　　夏威夷語把樹皮布叫「卡帕」（kapa）或「踏帕」（tapa）。在沒有紡織技術以前，人們將不結果實的「桑樹」或又稱「構樹」（夏威夷語wauke，英語paper mulberry），取下內皮後，用工具拍打，製成無經緯的布。如今樹皮布在亞洲地區幾已消失無踪，但在夏威夷、薩摩爾、大溪地仍普遍流行。不同點是，夏威夷之樹皮布精細而富創意，屬於高檔次的藝術品。

　　樹皮布製作工序繁複，從栽植桑苗到成長，需二至三年。如不是立刻製作，則先剝下樹的內皮，在太陽下曝曬；乾燥之後，捲起收藏。製作之前，先浸水，再用有花紋的木棒捶

❶ 圖中右下方：乾燥後捲起來收藏的桑樹皮。中：印圖案使用之短竹筒。左上：紅色染料胭脂果。左右上角：完成之樹皮布。羅特王子呼拉節摩納路阿工藝展示會，2013年。 ❷ 用帶紋樣的棒捶打樹皮布，可以把自家的圖案捶進布裡去。 ❸ 畢士普博物館文物修護專家卡馬路‧皮銳茲（M.Kamalu du Preez）示範樹皮布製作，摩納路阿花園呼拉節，2012年。 ❹ 刻有圖案之竹片沾上染料後，在樹皮布上印出各式花紋。 ❺ 樹皮布完成品，莫阿娜‧艾斯利（Moana K.M.Eisele）作。 ❻ 圖中右中：樹皮布床罩，為卡美哈梅哈曾孫女之物，1880年。左上：床罩蓋單，19世紀中。左下：資深工藝家瑪麗‧麥當勞（Mary McDonald）作，2009年。 ❼ 工藝家莫阿娜‧艾斯利（Moana K.M. Aisele）給小朋友解釋樹皮布，摩納路阿花園呼拉節工藝會，2012年。

❺

打成薄片，一片片重疊成堅牢厚實的不織布。此一過程產生出的結果相當驚人，原來細長乾燥的桑樹皮變得寬而細薄。晾乾後，再用石頭等工具把表面處理得柔軟光滑。完成的樹皮布，仔細看即能注意到木棒留下的浮水印，由於各家刻製的棒槌紋樣有異，自然形成識別家族的記號。

最後一道工序是印染，用泥土或有色植物染出各種不同的顏色，再用有雕花的竹條壓印圖案於上。往日樹皮布的用途多端，課稅的替代品、出生嬰兒的包布、喜慶婚喪用的帳面或裙子、吊襠，不一而足。從種樹到完成，所有一切都是婦女的工作。

目前樹皮布的實用性已商品化，家用品幾乎全被機紡品代替，唯有在畫廊或博物館才能欣賞到古色古香的樹皮布了。工藝集市的展示會上偶爾也有傳統樹皮布技藝的示範展售，是大開眼界的好機會。

❻

❼

航海藝術──波利尼西亞人的榮耀

　　古代波利尼西亞人能叫出天上的一百五十多顆星，熟悉各星座經緯度及一年中的運轉方向。當歐洲人發現波利尼西亞人時，最讓他們吃驚的是，波利尼西亞人徒手操作獨木舟的速度能達到二十個結，每個結相當於時速1.852公里。順風時，一日可航行160公里，約二十四至三十天即可從馬奎薩斯抵達夏威夷。此外，他們能在海上生活一個多月之久，新鮮的食物吃完後，尚有芋頭、麵包果等製的乾糧；60至80尺長的連體獨木舟可載六十至八十人。

　　約14世紀時，夏威夷人已中斷與家鄉的往來，航海知識技能遂被遺忘。卡美哈梅哈一世建立王朝時，已無人知道如何徒手操作獨木舟，乘風破浪遠航於大海。1970年代時，太平洋群島中還有六位老航海家，但無人願意傳授技術。三年後，麥克羅尼西亞的冒‧皮阿艾盧戈（Mau Piailug）表示願與夏威夷波利尼西亞航海協會合作，再造航海探路的現代旅程。

　　冒‧皮阿艾盧戈傳藝五位弟子，其中的奈歐那‧湯普森（Naiona Thompson）為波利尼西

亞後裔。在他的呼籲下，夏威夷 於三十八年前造出一艘仿古的連體獨木舟（無鐵釘），名為「霍庫雷亞號」（Hokulea），為了重走古代夏威夷往返大溪地的海上之路，證實波利尼西亞人出自於亞洲的說法，並振興海洋文化為使命。結果首航成功，激發了

❶「霍庫雷亞」喜悅之星一出發前在Hawaii Kai水域開放給居民參觀，2013年4月。
❷ 整裝待發的霍庫雷亞號與歡送的人群。
❸ 到海邊送行的人群聽取航海家解說。
❹ 冒‧皮阿艾盧戈（Mau Piailug）在卡羅琳娜家鄉教兒童觀星象，學習航海知識。
❺ 霍庫雷亞船上的太陽能板裝備。
❻ 霍庫雷亞的補給船，設備齊全。

無數原住民青年的文化認同意識，醞釀出今日全民引以為傲的文藝復興。

2014年5月底，為期四年的環球海上探路之旅再度啟程。此行預定停留二十六個國家，航行50000海哩。其任務已從重複過去的探險，擴展到探索地球生態危機的解決之道。

「霍庫雷亞」夏威夷語意為「喜悅之星」。古時大溪地水手無航海儀器，僅憑著北斗七星的把柄找到北極星方位，並從北斗七星的漏斗，連上東北邊的大角星（Arcturus）。通過夏威夷天頂上大角星發出的橘紅色光芒，找到夏威夷群島，所以大角星被稱為「喜悅之星」。而引導水手們返航回大溪地和馬奎薩斯島的，則是高掛於大溪地天空的天狼星（Sirius）。這兩顆星在太平洋航海史上意義非凡，有至高無上的地位。

經過威基基周邊的阿拉外運河，以及東南邊的莫阿娜路阿海灣（Maunalua Bay）時，常會看到練習獨木舟的人群，近海操舟已是一種受歡迎的運動。1952年，威基基莫阿娜酒店發起莫洛開伊島至該酒店的獨木舟賽，世界各地的操舟好手都在每年的10月聚集歐胡島，此傳統已延續五十餘年。這條65公里長的海道，至少需九小時才能完成，嚴格考驗團隊體力及團結力。

〈Legacy〉歌詞　大溪地後裔歌手卡帕拉（Kapala）　作；劉俐譯

想起世代祖先，頓覺其血液澎湃全身～
他們的勝利、愛恨與痛苦啊。
假使我也在大溪地駛來的首航舟船上，祖先的萬丈雄心會令我羞愧。
感謝他們賜我生命種子，給我族譜根源。

驕傲的夏威夷人，海洋與陸地的守護者。
神賜我充滿希望的明天，助我永續長存。
我教子女聆聽長輩教誨，王族千古的智慧。
波利尼西亞祖先橫掃汪洋數千里，為了後世興隆昌盛。

我們是黃金強人的子孫，志向在星星之端。
原始居民是群島的靈魂，永遠記住你是誰！
我的樹已又高又壯，
未來的傳承，握在我們子女的小手中，我們的驕傲任何人帶不走。
驕傲的夏威夷人，陸地與海洋的守護者，上帝賜給我們永續生存的力量。

有邊架獨木舟，Hawaii Kai馬歐納魯阿海灣俱樂部。（上圖）
居民的水上活動。有邊架獨木舟航行時可增加平穩，2009年。（下圖）

生命的詩──音樂

　　波利尼西亞人為了探險、尋找新家園，與大海搏鬥；為繁衍後代，創造幸福的新天地，他們以歌聲舞蹈祭供諸神。諸神開心，則風調雨順，人們可安居樂業。屬於純粹吟唱的傳統音樂談不上旋律，有時配合呼拉、鼻笛、竹棍、葫蘆及石頭的擊節，有時則清唱。一般是對大自然、神明及生命的讚頌。嘹亮雄渾、懾人心魂的音量，要讓在天際、大海的神靈都能聽見而被感動。 與西方接觸後，傳統音樂開始起變化。音樂學者伊麗莎白‧塔塔爾（Elizabeth Tatar）將夏威夷音樂發展分為七個階段。1820至1870年是第一時期，波士頓公理會的傳教士組織唱詩班，讓聖經藉由音樂的力量感動人心。而1832年卡美哈梅哈三世引進一批墨西哥牛仔，教夏威夷人控制牛群繁育，吉他便於此時傳入，為第二時期。

　　但人們仍離不開傳統吟唱的韻律，於是將吉他的弦放鬆，以適合其節奏，結果譜出屬於夏威夷人的「鬆弦吉他」（Slack Key Guitar）樂曲「ki ho alu」。有趣的是，當時每個家

各種形狀的烏克麗麗，形狀嬌小，剛好抱在懷裡。

族有獨道的調弦法，不對外洩露。直到20世紀，披靡大眾的原住民歌手蓋比‧帕西努伊（Gabby Pahinui）為了傳揚「ki ho alu」的優點，公開收徒。如今他已花甲之年，仍然執著於鬆弦吉他的美感。

1873至1900年，夏威夷音樂進入新階段。葡萄牙移民勞工佛朗迪斯（Joao Fernades）教人用葡萄牙樂器彈唱，這是一種介於吉他和曼陀林之間的樂器，因為手指彈法像跳蚤不停的跳動，所以夏威夷人把四根弦的樂器叫「烏克麗麗」（ukulele），意思是「跳蚤」琴。烏克麗麗使用鋼弦。其由來，有說是男童約瑟夫‧柯胡庫（Joseph Kehuku）在吉他弦上塞了一個金屬片，爾後就出現了鋼弦吉他，原住民稱「kila kila」。此段時期是卡拉卡哇國王執政，鼓勵把鋼弦用在跳蚤琴上，讓它成為夏威夷人特有的樂器。

當今風靡國際的「烏克麗麗」演奏家傑克‧島袋（Jake Shimabukuro），造詣爐火純青，並用它彈奏各種風格的樂曲，將四弦樂器的表現空間擴展到極限，令聽眾如痴如狂。而他對夏威夷人，尤其是兒童的影響，更是無人能及。現在，幾乎所有的兒童都人手一把琴，

卡拉卡哇國王時期成立的皇家樂隊，至今仍活躍演奏。

每年卡皮歐拉妮公園舉辦的烏克麗麗節時，即可見到熱愛此樂器的人潮。

卡拉卡哇國王和胞妹莉莉烏可蘭尼是王室中才氣洋溢的一對兄妹，原住民文藝復興的第一批倡導人。他們共同組織呼拉舞蹈和樂團，出版古代神話傳說，鼓勵各種樂器的創作演奏，並請來一位普魯士波茨坦出生的樂隊指揮亨瑞・伯格 (Heinrich Berger)，指揮王室樂隊（The Royal Band）。此樂隊延續至今，團員們仍穿著一襲白長袖衫褲，腰部繫著紅緞帶，在重大場合及伊奧拉尼王宮內演奏王朝時期流行的曲目。

在夏威夷的四十多年間，伯格創作了無數動聽的音樂，其一是為卡拉卡哇國王寫的〈吾愛吾土〉（Hawai'i Pono'i）國歌的譜曲，這支國歌即是今日夏威夷的州歌。他也為莉莉烏可蘭尼女王譜寫了上百首的曲子，其中名聞世界的，是被譯成幾十國語文的〈等候你歸來〉（Aloha Oe），也就是一般畢業生都會唱的〈珍重再見〉。頭幾句原文是：

細雨毅然掃過懸崖，滑過叢林，緊追著山谷裡含苞待放的桃金孃。

別了，別了。迷人的她在樹蔭下，一個擁吻，就此離別，直到我們再相見。

據說是女王帶著僕從到歐胡島東北邊的茂安娜威利（Maunawili）牧場去訪友，回程時在帕裡（Pali）山崖邊，從馬上回首瞭望山下的海灣，忽然見到陪同軍官和當地的一女子依依不捨的擁別，深受感動。於是她一路上哼著曲調，完成了這首纏綿的情歌。

這首歌在1883年參加舊金山音樂比賽時，轟動全場，不久即傳遍世界。如今被人以為它是夏威夷民謠，其實是莉莉烏可蘭尼女王的傑作。她的文學工力深厚，對音樂的領悟力強過那個時代的任何人。

1900至1915年是夏威夷與美國流行樂曲融合的時期，唱片錄製也從此普及。威基基的豪華大酒店內演奏著與爵士樂、藍調、黑人靈歌混合的夏威夷歌曲，吸引了日益增多的觀光客。1912年夏威夷的《天堂鳥》音樂劇登上紐約百老匯，並連續上演了十二年。

1915至1930年，作曲家紛紛回到大溪地及薩摩爾尋找靈感，樂曲節奏變得輕快，獲得更多主流聽眾，連爵士樂、鄉村音樂皆招架不住。1927年後，夏威夷音樂更加國際化，日本、德國紛紛播送半西式半本土（hapa haole）的樂曲，誤導世人以為這就是原始夏威夷音樂。60年代是打進交響樂及大型演奏樂團的黃金時期，許多夏威夷歌手一舉成名，但此後的十年卻被搖滾樂取代。

1970年前後，樂壇出現一股新氣象，各種形式的音樂同時風行，蓋比・帕西努伊等歌手再度走紅歌壇，Cazimero兄弟、Keola Beamer，Keali'i Reichel，原住民混血的何大來（Don Ho）等名歌手，將夏威夷流行音樂推進當代時空的領域。和西洋樂器結合後的夏威夷音樂，具有其它樂種無法模仿的魅力，充滿生命力，輕快、抒情、悅耳，百聽不厭。

烏克麗麗節，小朋友們在表演台上等待演出。

呼拉——夏威夷人的心跳

呼拉（hula），也就是草裙舞，原住民語意為「舞蹈」，所以「呼拉」一詞已包含「舞」之意。呼拉被西方傳教士視為落後野蠻的象徵，到1850年時公眾場合裡已銷聲匿跡，僅只在部族間私密進行。經過兩位末代君主及1970年代的振興後，演變成目前的兩舞種：1.仿古的廟堂祭祀呼拉──「呼拉卡西口」（Hula Kahiko）。2.19、20世紀以後混合西洋樂器、迎合西方人口味的「呼拉奧阿娜」（Hula Auana）。兩種皆普遍流行。

古代呼拉舞者一般先用鮮美的食物蔬果敬奉舞神「拉卡」（Laka），祈求賜予創意和靈感，祭祀時，以祈禱和吟唱為前導。舞蹈是宗教性的演出，配合打擊樂器進行，向某一神祇讚美奉獻。雖然男女都可以跳，唯有男性舞者，才可在神廟祭祀的儀式中演出。

原住民常以「心裡的話、夏威夷人的心跳」比喻呼拉在他們生命中的地位。凡人之情思、感官接觸的具體和抽象的事物，都可以用呼拉表現。它是用手說話的舞蹈，手到哪

裡，眼睛就跟到哪裡，但動作稍有錯誤，整個儀式即告無效，甚至被視為不敬、不祥。所以一般人是在舞神拉卡的保護下秘密學習。

舞蹈時的吟唱即是口述歷史。原始音樂形式中，吟唱的音調無多變化。族人的創世紀、神話傳說、歷史事件等，娓娓道來，讓聽者銘記在心，世代相傳。而伴奏的樂器通常是葫蘆、鯊魚皮鼓、帶羽毛的搖鈴、竹篾棍、擊節棍等。

女人舞蹈時，裸露上身，脖子上戴著首飾項圈，下身裹著樹皮布；男人則穿吊襠或是樹皮布製的圍裙，和女人一樣戴著裝飾品。花環和樹皮布，在呼拉的氛圍下也受聖靈感染，舞蹈結束後即不再使用，花環則當作祭祀品留在拉卡的供桌上。

相對於呼拉卡西口的是「呼拉奧阿娜」，是飄浮、蕩漾的意思，與傳統呼拉的區別在於它採用西洋樂器伴奏，如吉他、烏克麗麗，大提琴等，是一種半本土、半洋式呼拉，同時強調手語、舞步及肢體動作。傳統的呼拉卡西口較守成規，無變化，而呼拉奧阿娜提供舞者在音樂、服裝、表情、身體語言方面較多創新的空間，所以能彌補卡西口之不足。

傳說呼拉誕生於莫洛開伊島，舞神拉卡曾在茂納洛亞附近的卡阿納鎮（Kaana）練舞，之後呼拉才流傳至其他各島。自1991年開始，莫洛開伊島每年5月舉辦呼拉大賽，由於起始晚於大島的快樂君主呼拉節，名氣規模尚可期待。

教授呼拉的老師，夏威夷語稱「庫姆呼拉」（kumu hula），受過長期嚴格訓練，自幼開始，經過階段性升級，到能主持宗教性的吟唱、熟諳所有舞種曲目、彈奏多種樂器，具備了各項本領後，才能收徒授藝。呼拉學校的夏威夷語為「呼拉哈佬」（hula halau），許多庫姆是在自家闢出一室，但有數百學生的呼拉哈佬，則有正式的舞蹈教室。

大提琴和吉他伴奏的呼拉奧阿那，哈雷庫拉尼（Hakulani Hotel）酒店　無鑰匙之屋

重要呼拉節：

快樂君主呼拉節（Merrie Monarch）

自1964年起，為刺激受當時海嘯地震摧殘的經濟，大島市政府創立「快樂君主節」[2]，內容包括呼拉賽、國王加冕典禮，大型舞會等活動。起初反應良好，但四年後，流於形式的活動漸漸失去吸引力。達娣·湯普森（Dottie Thompson）女士接下棒子後，將內容導向正宗的夏威夷主題，仿照卡拉卡哇國王的作法，邀請各島實力頂尖的文化長老，推出最具代表性、最純正的呼拉。半個世紀以來，效果彰顯，高潮迭起。今日的呼拉演出已超越以往的框架，進入身體語言、服裝設計、編舞創意、音效與和聲的綜合美

茂宜島女子跳呼拉，Jacques Arago及A.Pellion 1819年繪。（來源：Hawaii State Archives）

學。每年復活節前後，大島的酒店、民宿皆無空房，航空、出租汽車業者皆水漲船高。朋友當中年年趕赴盛會的不乏其人。

連著三晚，從傍晚6時至12時的演出比賽，以及一周的工藝、集市活動，是全州莊嚴又瘋狂的時期。州內所有呼拉教師帶著學生極力爭取參加的機會，能入選已十分了不得。比賽舞種分兩類：仿古式的「呼拉卡西口」和半西半本土的「呼拉奧阿娜」。

快樂君主節向來一票難求。為避免商業化，主辦方堅守不擴大經營、維持低票價原則。不少人嘗試數年，仍無法親臨一睹，只好退而求其次，在家裡看電視轉播。

門票：必須上網下載購票表格，填寫後寄給主辦方，收件以12月26日之後的郵戳為憑。（注意：提早申請無效）
每人限購兩張：有$30、$25、$20、$15、$5等五種票價。$25與$30可觀賞三晚；$20票可觀賞兩晚；$15票屬舞台周圍坐位，可連觀兩晚；$5票限觀賞「阿囉哈小姐呼拉賽」。
網址：www.merriemonarch.com/festival-information

---

2. 甘蔗和煉糖業結束後，大島遭到1946及1960年兩次海嘯摧殘，經濟一蹶不振，當時的市長企圖藉快樂君主呼拉節振興人氣與經濟。

半土半洋的女子奧阿那式呼拉,大島快樂君主呼拉節,2014年。

女子半土半洋的單人奧阿那式呼拉,大島快樂君主呼拉節,2014年。

男生卡西口，後方站立擊鼓者為呼拉大師，大島快樂君主呼拉節，2014年。

女子單人傳統卡西口式呼拉（上方圖為卡拉卡哇國王肖像）

羅特王子呼拉節（Prince Lot Hula Festival）

7月間，歐胡島上有一追念羅特王子（卡美哈梅哈五世）的呼拉節，在摩納路阿花園（Moanalua Gardens）的樹蔭下舉行。綠草覆蓋的土墩舞台，陪襯著提樹、羊齒蕨，從頭頂到地面，一片碧綠，即使是仲夏日，也不覺炎熱。熙熙攘攘的人群，各個心照不宣的，帶了海灘椅的坐後排，舖著野餐毯的坐前排，準備欣賞到盡興而歸。

由於羅特王子力主維護傳統，領頭推動呼拉，後人至今對他懷念不已。觀眾的期待裡泛著高昂的情緒，幾乎令人能感覺得到在場氣氛中蕩漾的一種難言的激情。特別是那些祖母級的婦女，為了支持鼓勵後輩，年年親自出馬。她們的舉手投足，輕盈柔美，陽光的笑靨和幽默，感染所有在場的人。

摩納路阿花園留給原住民無比豐富的記憶。無數的夜晚裡，羅特王子在此以呼拉為主菜，宴請賓客。所以這一天，原住民與他共溫舊夢，堅守為子孫後代傳揚文化遺產的信念。

這項活動為歐胡島提供了參選快樂君主節的暖身活動，至今已連續舉辦37屆。節日當天，有上百個工藝攤位，以及各種資深的工藝家現身說法，是難得一見真工夫的好機會。

門票：無，自由樂捐。
花園地圖：www.moanaluagardensfoundation.org/MoanaluaGardensPLHF-PhotoMap.pdf
交通：從威基基Kuhio Avenue乘2、13路車到州政府大廈站，後在S.Beretania街與Punchbowl St.的路口坐往Salt Lake的3路車，到Kau'a和Alamahamoe Street下車，沿著Kau'a街的右邊一直往前走，Moanalua花園即在右手邊，需一小時。
網址：www.moanaluagardensfoundation.org/

破例用木槳為道具跳卡西口的女子團體呼拉，氣勢磅礴，轟動全場。
老少同台舞呼拉 ❸ 莫阿娜花園羅特王子呼拉節盛況（2014大島快樂君主呼拉節）

兒童呼拉賽（Keiki Hula Competition）

卡里西–帕拉馬藝術團體（Kalihi-Palama Arts Society）每年舉辦兩次兒童呼拉賽。紀念莉莉烏可蘭尼女王的比賽已連續舉辦39屆。有數百個六至十二歲的在學兒童一連三日演出呼拉奧阿那，是家長與小朋友期待的盛事。年幼的呼拉佼佼者，可能就是未來快樂君主呼拉節的參選者。另外一個紀念馬利亞‧克瑞佛（Malia Craver）傳統式的卡西口呼拉賽在卡美哈梅哈校內舉行，地點不如前者方便。

門票：入場費預定席：成人$14.50；兒童4-12歲 $12.50；普通入場券：7月初開始售票；成人 $12.50，兒童 $10.50。
地址：Neal Blaidsdell Arena（S. King St.& Ward St.）
網址：www.kpcahawaii.com/Home.html

祖母級的呼拉耆宿，姿態輕盈柔美，慈藹陽光的笑靨感染了每個人。

紀念莉莉烏可蘭妮之兒童呼拉競賽（Kalihi-Palama Arts Society提供）（上圖）呼拉凱西口葫蘆拍擊伴奏，摩納路阿花園羅特王子呼拉節，2012年。（左圖、下圖）

當代工藝美術

　　生活在悠閒自在、氣候宜人的夏威夷藝術家，部分受傳統影響，傾向探索自然環境或媒材本質，也有多數以個人經驗哲思為創作主題，而這其中存在兩種生態系統：一類以波利尼西亞傳統工藝、音樂、舞蹈等為主的藝術生態，另一類則是美術學校培養的學院藝術。前者基礎以祖傳或自學的居多，以集市、藝廊、專賣店、美術館評選活動為發表及展示窗口，如卡皮歐拉妮公園的各類節日集市（前提及）和各工藝協會之評選展。

　　傳統工藝中，木器對當代工藝家影響最深刻，是以有「木器蓬勃」的現象。常以珍貴的科阿木（Koa）製造的烏梅克（Umeke），是具有「共享」意義的一種容器，在原住民家庭裡十分普遍，造型簡單美觀，但製作過程卻如走鋼索：木心先用火燒成灰，再將周圍修整刨均勻。說來簡單，若火力掌控不佳，整塊木頭即被燒毀。由於烏梅克對木器家有特殊意義，是以挑戰者大有人在。科阿木的字義是「勇猛大膽」，為夏威夷原生植物，生長緩慢，高可至100公尺，以大島生長最多。

　　極欲突破傳統主題與質材的亦不乏其人。有「木器教父」之稱的榮‧肯特（Ron Kent），和步其後塵的一群年輕工藝家，每年推出的新作中，總有些愛炫耀「如履薄冰」的特技者，「青出於藍」的驚人表現實為木器藝術的推手。

工藝家吹鼻笛示範，摩納路阿花園羅特王子呼拉節，2013年

左：有木器教父之稱的榮・肯特(Ron Kent) 為最先使用諾福克松木做車床木器者，以大、薄而透明的斗笠碗盤出名。此圖為他與近年作品——守護者系列。右下角為早期作品。（上圖）比6尺人身高2尺的「守護者」系列之一。（右圖）

相對的，出自於大學美術系的藝術家，取材技法則偏向當代媒材、潮流及時代思維。除繪畫基礎訓練之外，又須能掌握綜合媒體、表演藝術、電腦藝術之要領。夏威夷大學美術系、火奴魯魯博物館美術學校、斯波丁之家（前當代美術館），則屬學院藝術體系。州美術館基金會每年撥出預算收藏傑出作品，並展示於州美術館之殿堂，鼓勵獎掖藝術家不遺餘力，是提倡藝術的主要機制。

義大利式花園　香格里拉伊斯蘭藝術館提供

7.人文風景在都心

首都歷史文化區

火奴魯魯市政府於2004年就州、市政府周邊的二十多個機構，規劃出首都歷史文化街區（Capitol Historic and Cultural District），所指的是集中在南不利坦尼亞（S. Beretania）和南國王街（S. King）之間方圓1.5公里的歷史文化區。以火奴魯魯藝術博物館及福斯特花園為東、西端界限，包括州政府大廈、華盛頓府、州美術館、伊奧拉尼王宮、聖安德魯教堂、最高法院大廈、傳教士博物館、中國城、第一夏威夷中心（當代藝術畫廊）。雖然為數不少，建築物相去不遠的，步行可到，當然一次是無法全數看完的。

從這些重要的建築物，可知道過去王國的政治中心與今日州政府其實是同一地點。走在此區，即不難描繪出這個都市的心靈軌跡。

⑪ 火奴魯魯藝術博物館及美術學校
（Honolulu Museum of Art & Art School）

夏威夷第一間涵蓋世界文明的美術館（今名火奴魯魯藝術博物館）於1927年創立，這如同向夏威夷人宣告，藝術將是現代品質的生活的重要元素，對當時正在推行的人文建設起了推波助瀾的功效。

火奴魯魯藝術博物館離威基基約十來分鐘車程。前身是火奴魯魯藝術學院（Honolulu Academy of Arts），2012年與當代美術館（The Contemporary Museum）合併後改為現名，目前包括斯波丁之家（Spalding House）（見186頁）、第一夏威夷銀行中心畫廊（166頁）、香格里拉桃樂思杜克伊斯蘭藝術館（Shangri-la：Doris Duke Foundation of Islamic Art）、藝術學校（Art School）。

創始人安娜・萊斯（1853-1934）是傳教士家庭的第二代，與傳教士之子查理斯・庫克聯

❶ 以中國銅幣做裝飾藝術(Art Deco)風格的鐵門，此圖攝於火奴魯魯藝術博物館。　❷ 火奴魯魯藝術博物館中國庭園，花崗岩石板為19世紀東西貿易船上之壓艙石。　❸ 火奴魯魯藝術博物館位於南不利坦尼亞街（South Beretania Street）　❹ 前庭院銅像，安東尼・博得爾（Antoine Bourdelle）作品，1912年火奴魯魯美術館藏。

❶野口勇　石雕　火奴魯魯藝術博物館藏　❷火奴魯魯藝術博物館位於南不利坦尼亞街。
❸火奴魯魯藝術博物館後庭院咖啡廳　❹火奴魯魯藝術博物館咖啡廳。
❺青瓷　韓國高麗王朝　12世紀　火奴魯魯美術館館藏　❻碗　韓國15世紀朝鮮王朝　火奴魯魯美術館館藏
❼韓國青瓷酒壺　12世紀　火奴魯魯藝術博物館藏（Shuzo Uemoto攝影）
❽火奴魯魯藝術博物館中國館——家具瓷器、玉器、繪畫　❾火奴魯魯藝術博物館「漢陶器特別展」。

姻。19世紀末，兩大家族結合開發甘蔗園及房地產，以基督徒的勤奮及敏銳的商業頭腦，
無多時便掌握島上重要資源——土地、甘蔗田、煉糖廠——而成為巨富。

　　萊斯自幼在考艾島長大，接觸世界各地移民勞工，其夫事業發達後，便開始收藏藝術
品。最初純屬個人興趣，後來因為幾個儲藏室皆已裝滿，便構想成立博物館，並且有了具
體的理念：「讓太平洋群島及所有來自世界各地的移民，認識彼此故有之藝術精華，於豐
富的文化基礎上共創新文化。」

　　萊斯在考艾島出生，婚後遷居歐胡島，於南不利坦尼亞街建豪宅，也就是現今美術館所
在地。1927年，她將自宅改建成博物館，贈予四千五百件藏品，並不斷充實，至今博物館
已擁有五萬多件文物，是標準的「百科全書型」博物館。

　　博物館建築為紐約著名建築師貝特牧・古德修（Bertram Goodhue）設計，佔地13000多
平方米，綜合多元文化的建築語彙，是該館的給人的第一印象：黑瓦白牆，深長的廊簷，

拱門、壁龕、四方庭院及小中見大的景
致。亞洲部分室內設計與陳列古典高雅、
豐富精緻。西洋美術部分則充滿益智趣
味：使用新穎亮眼的壁色做展廳的背景，
將古代、當代的繪畫雕塑並列一室，讓觀
賞者在短時間內神遊上下數千年的美術發
展，思考過去，幻想未來。近來又開放大
洋洲部分典藏精品。在人文氣氛如此醇厚
的環境裡觀賞藝術，是精神與視覺的超級
享受。

　　左邊的一間小型特別展覽室可直接進
入韓、中、日及泛亞洲佛教美術陳列區。
韓國館以古陶器、朝鮮王朝、高麗王朝的
瓷器為主。從韓國館轉身出來便到中國
館。 中國館第一任館長是精通中國古建
築及家具的德國學者古斯塔夫·艾克博
士（Gustave Ecke），他於1949年攜畫家
夫人曾佑荷自北平輔仁大學應聘來到夏威
夷。二十年任職期間，為該館收藏研究奠
下基礎。永久陳列的器物方面包括：陶瓷
器、佛像、黃花梨木家具、北魏浮雕、北
宋木雕觀音、元青花大盤與元佛寺雕花大
柱等。一件綠松石鑲嵌的獸面鹿角銅牌
飾，身世迷離，似與夏、商時期二里頭、

西北、中亞地區出土的綠松石銅牌飾有關聯,目前世界上僅有十五件。數百顆米粒大小的綠松石,細密鑲嵌在青銅框架裡,是中國最早的寶石鑲嵌金屬器物,工藝精湛,令人嘆為觀止,銅牌上的綠松石,歷經數千年,僅數顆石頭鬆動。火奴魯魯藝術博物館的這件是名見經傳的藏品之一。

書畫部分的鎮館藏品包括13、14世紀仿北宋宮廷畫家馬賁(馬遠之曾祖父)之〈百雁圖〉,明代文徵明之〈七松圖橫卷〉,以及明、清名家作品。〈百雁圖〉曾於1935至1936年在倫敦舉辦之「國際中國藝術展」中展出,策劃此展的瑞典漢學家喜龍仁(Osvald Siren)在給館方信裡寫道:「如果那些雁子能將帶給觀眾的喜悅傳達一、二,感動人的故事可真道不完了。」不過古稀的紙本國畫,不是隨時到隨時能目睹的。

對佛教美術有興趣者,可別錯過泛亞洲佛教藝術展廳(緊鄰中國館)及印度、東南亞館。泛亞洲館內的精品包括:北宋(西夏)之木雕觀音像(1025),以及四隻雕有《華嚴經》的元代佛寺柱(右牆),上面精彩絕倫的釋迦、人物景象浮雕,為西方世界獨一無二的寶物。

東南亞館在沃德(Ward)和基瑙(Kinau)街交會的角落。數間相連的展廳陳列著釋迦牟尼在印度、中亞及東南亞的各種造型,大小乘佛教的流傳及塑造、從中亞到東亞之影響變化,在此一目了然。印度館中還有一櫃18、19世紀,工藝精湛的印度鑄金首飾及玻璃器

❶ 文徵明 七松圖橫捲(局部) 1532年 29.3 x 988.5 cm 火奴魯魯美術館提供(Shuzo Uemoto攝影)
❷ 馬賁 百雁圖 元代 45x579 cm 1927年查爾斯庫克夫婦贈,火奴魯魯美術館藏(Shuzo Uemoto攝影)
❸ 宋木雕觀音,1025年時由日本松方幸次郎收藏,火奴魯魯藝術博物於1927年購入並納入館藏。
❹ 坐佛 巴基斯坦或阿富汗甘達拉地區 泛亞洲佛教美術廳
❺ 商綠松石嵌鑲青銅面具 火奴魯魯美術館藏(Shuzo Uemoto攝影)
❻ 佛陀浮雕 北魏 6世紀 泛亞洲佛教美術廳 火奴魯魯藝術博物館藏

❶

❷

❶ 轎子　日本館藏特展　2012年　火奴魯魯藝術博物館藏　❷ 火奴魯魯藝術博物館的日本館展廳
❸ 葛飾北齋　神奈川海邊之浪　1830-1832　浮世繪版畫　詹姆士‧米奇那（James A. Michener）贈日本館　火奴魯魯藝術博物館藏　❹ 木雕神像　日本館　火奴魯魯藝術博物館藏

皿，係由移民本地致富的印度家族古拉波‧瓦塔木爾（Gulab Watamull）贈予，首飾設計愛好者不應錯過。

日本館則以浮世繪木刻版畫為收藏主項，為數多達五位數字，半數是1948年普利茲獎得主一生撰寫四十多本小說的作家詹姆士‧米奇那（James Michener）捐贈。他的《南太平洋故事》被拍成電影，創1958年最高票房紀錄，並持續七年才被電影《真善美》（The Sound of Music）擊敗。

有趣的是，這批版畫原本是要捐贈給紐約大都會博物館的，但米奇那在紐約市向員警問路時，碰了一鼻子灰。回到夏威夷後，他想到火奴魯魯美術館。這回開車向員警問路時，員警不僅有禮貌，還護送他一程。五千多幀的浮世繪就這樣進了火奴魯魯美術館！

雖然中國版畫歷史悠久，但日本浮世繪在世界美術史上卻有超然的地位。它於1660年前後興起，兩百年後式微。「浮世」是佛教裡講的世俗、紅塵。當時日本男人盛行泡歌舞伎院和嫖妓，以東京吉原一帶為大本營，一些鬱鬱不得志的藝術家常去作樂解悶。他們在描繪世間風情及人物風景的版畫裡注入了音樂舞蹈和戲劇性的動作表情。沒想到，浮世繪在日本沒落時，卻被美國海軍將領佩瑞（Matthew C. Perry）帶至歐洲，並且掀起英、法、荷畫壇的騷動，尤其是印象派和後印象派的畫家，驚嘆浮世繪裡慣見的斜角構圖、鮮明的平面色彩、流暢的線條。梵谷、高更不僅羨嘆浮世繪，更把它高掛牆上日日觀賞、汲取靈感。

西洋藝術集中在博物館之右翼。古埃及、希臘與當代人體作品同置一廳，亮麗的寶石

藍牆壁代替以往粉白壁色，這是博物館為吸引年輕人的新招數。另外，當今博物館皆以宏大規模吸引觀眾，越來越像飛機場，產生「博物館疲勞」一名詞。這方面，火奴魯魯博物館的措施令人激賞，各展廳都備有設計造型很當代的坐椅，協助參觀者愉快輕鬆的走完全程！

　　館藏的印象派及後印象派繪畫大師的作品極為經典貴重。莫內的蓮花，從構圖、筆觸、光影、色彩氣氛，無懈可擊。莫內於1893年遷居到吉維尼（Giverny）後，在花園裡建了一蓮花池。從1910年到去世的1926年，水與蓮花是他繪畫唯一的題材，他說：「現在回頭來畫水和水草，還是畫不出水波蕩漾的深度。除了畫畫、蒔花種草，我什麼都不行，我的花園才是我的傑作。」他豈能想像得到，每年有多少人為了那些睡蓮而長途跋涉去吉維尼朝聖？

❶ 羅馬時期希臘藝術家作　古希臘風格大理石雕像　二世紀　火奴魯魯藝術博物館藏　❷ 莫內　蓮花　1917　火奴魯魯藝術博物館藏　❸ 古今西洋人體造型比較　火奴魯魯藝術博物館藏　❹ 愛神騎海豚　羅馬三世紀　馬賽克火奴魯魯藝術博物館藏

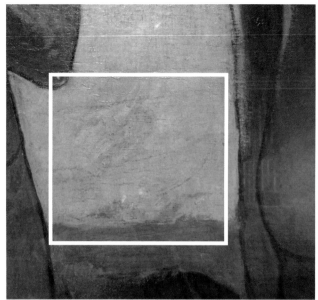

高更 〈沙灘上的兩女人〉局部圖（左圖）沙灘上的兩女人（右圖） 火奴魯魯藝術博物館藏

　　梵谷、高更的油畫並置同一室。經過1887-1888年的嚴冬後，梵谷搬到法國南方氣候溫暖的阿爾小鎮（Arles）去養病。在為期十五個月的時間內，完成了一百多幅素描、水彩，以及兩百多幅油畫，打破所有19世紀畫家的創作紀錄。雖然數量多得驚人，卻都是有系統、有主題重點的創作。這幅黃澄澄耀眼的〈麥田〉即屬於「收穫」系列的十件作品之一，是梵谷此一時期在筆觸、技法，用色，以及簡筆表現上突破性的代表作。一筆筆厚實的條狀油彩，堆塑出一捆捆收割後的麥子，強烈的金黃色暗示豐收激昂的情緒；麥田裡的泥土泛著淺紫色的水光，與天空翻騰的雲朵對應，梵谷對田園的真情感性於此表露無遺。

　　高更與梵谷在友情決裂之前是摯友，二人各懷抱負理想於畫壇分庭抗禮，也同在藝術窄縫裡求生存。桀驁不馴的高更自我放逐到南太平洋的大溪地，雖然他對不夠原始純真的大溪地怨聲載道，卻在那島上尋找到新的繪畫語言。這幅〈大溪地海灘裸女〉油畫暗示原始文明的率真，就像身軀粗壯的兩個裸女毫無遮擋的出現在眼前，散發著不馴的野性。多年後，美術館研究員在畫面底下發現另一幅作品的痕跡，仔細觀察兩人腰部間的空白，便能看到油彩下的人和船頭。這幅1927年以五千美元買下的作品，價值已逾六千萬。

　　喬治亞‧歐姬芙（Georgia O'keefe）是美國現代畫壇上最早成名的女性攝影兼油畫家，1939年寶爾公司邀請她到夏威夷去畫鳳梨廣告，她不甚甘願：不就是種鳳梨的地方嘛，有什麼值得畫的？在夏威夷的三個月裡她去了各島寫生，每日沉侵在原始熱帶的森林與山谷間，內心預設的障礙逐日消除。從攝影鏡頭裡她看到大自然的精髓，繪出一組既超寫實又超現實風格的作品。

歐姬芙的好友，安塞‧亞當斯（Ansel Adams），於七年之後接受古根漢美術館的贊助到夏威夷拍攝介紹國家公園的作品。不為人知的是，亞當斯是歐姬芙工作上的密友，他的鼓勵使歐姬芙走出自己的路。這兩位藝術家雖然受僱於人，卻能跳出市場宣傳的糖衣，用誠懇的心靈去感應、捕捉土地上的生命，夏威夷人從他們的鏡頭下看到對自己家園的讚頌。

　　為美國奠定前衛藝術基礎的德裔約翰‧阿爾伯斯 (Josef Albers)，影響普及勞生柏（Robert Rauschenberg）、賈德（Donald Judd），以至於目前紅得發紫的特瑞爾（James Turrell）曾於60年代在夏威夷大學任客座教授。其探索色彩與視覺互動的「向方塊致敬」系列始於1947年，這幅1961年的作品是代表作之一。抽象畫大師杜‧庫寧（Willem de Kooning）曾評道：「阿爾伯斯的作品即使再冷冰冰，也只有他才能畫得出來！」

　　當代藝術展廳在館正後方的克萊兒‧布斯‧魯斯藝廊（Clare Boothe Luce Gallery）內，每年度的「夏威夷藝術家作品展」是新銳展露頭角、老將推陳出新的平台，平時則有短期的主題展。

❶ 梵谷　麥田　1888年　55.2 x 66.7 cm　1969年火奴魯魯藝術學院之友贈、火奴魯魯藝術博物館藏（Shuzo Uemoto攝影）　❷ 約翰‧阿爾伯斯（Joseph Albers）　向方塊致敬：藍色的秘密　1961年　121.6 x 121.6 cm　1990年Fredric Mueller贈、火奴魯魯藝術博物館提供　❸ 歐姬芙　伊奧谷　1939油畫　火奴魯魯藝術博物館藏

7 ❶❸ 夏威夷藝術家年度展　2012　火奴魯魯藝術博物館　❷ 看護者　3D錄動畫裝置　凱德・羅斯特（Cade Roster）作　2011　威夷當代藝術家年度展　火奴魯魯藝術博物館　❹ 前景─陶樂西・費森（DorothyFaison）作品；左一粘土，韋恩・摩柳卡（Way Morioka）作品；後一馬薩米・得勞卡（MasamiTeraoka）作品　火奴魯魯藝術博物館夏威夷當代藝術家年度展　2012　❺ 無所不在　瑞恩・西嘉（RyanHiga）作　油畫　2013　夏威夷當代藝術家年度展，2013年　❻ 沐浴中的藝妓（Geisha in Ofuro）　Masami Terac 作　浮世繪版畫壁氈　115×78 英寸 8 之 1，2011　Magnolia Gallery 提供

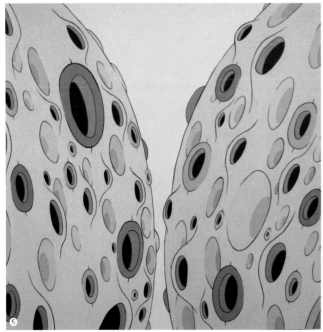

夏威夷特有的裝飾藝術繪畫—鷺鷥鳥和露兜樹　油畫　Lloyd Sexton　1930年作　❽莉・波台庫（Lee Bontecou）無題　街頭廢棄物
64　❾李奇登斯坦　凝視杯子的女孩　鋁、油漆、蠟　牆壁雕刻繪畫　1995作　Twig-Smith 夫婦贈，2014年入火奴魯魯藝術博物
藏。

❶

❷

Esther C. Shimazu
Oahu

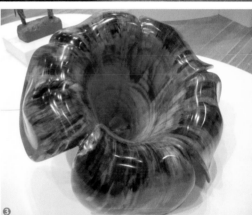

❸

❹

11-a 美術學校

　　位於博物館斜對面，一棟義大利文藝復興風格建築，即是火奴魯魯藝術博物館學校，這是除了夏威夷大學美術系外，培養專業和業餘藝術家的大眾學校，內有教室、版畫、陶藝工作室及展覽空間。1907年時，夏威夷學院（College of Hawaii）曾設置於此，1920年移至馬諾阿（Manoa）後，改名夏威夷大學。

　　每年開辦的美術課程、各工藝協會的成果展及評選展中，以手工藝協會、木器協會、纖維協會、版畫家協會和日美商會的評審賽人氣最夯，類別繁複，使人目不暇給，並且常有驚艷之作。各族群的共同記憶、東西人文思想信仰及原住民文化，在島上的時空裡交會，從這些作品中可窺見跨文化的經驗與互動。

時間（藝術博物館及美術學校）：星期二至六：10:00-4:30；星期日：13:00-17:00；休館日為星期一、新年、國慶日、感恩節、聖誕節。

免費開放日：每月第一個星期三，以及每月第三個星期日的夏威夷銀行家庭日（Bank of Hawaii Family Day）11:00-17:00。

英語導覽：20分鐘速覽，星期二至星期日13:00。30分鐘重點導覽，週二至週六13:30，星期日13:15。珍品賞覽及茶水招待，星期四及星期日14:30。

門票：藝術博物館十七歲以下免費，成人票價$10。美術學校無入場費。

交通：＊公車：威基基Kuhio Ave.站乘2、13路車，或乘紅線遊覽車（Waikiki Trolley）於美術館站下車，車程約20分鐘。回程巴士在南國王街（South King Street）。＊停車：藝術學校停車場，從不利坦尼亞街或楊街（Young Street）進。楊街、維多利亞街（Victoria Street）有停車表。

餐飲：美術館咖啡廳（Pavilion Cafe），需訂位，電話：（808）532-8734。營業時間：星期二到星期六11:30-13:45。附近中餐館僅一家，出美術館前門左轉，步行約5分鐘。正對面是Goodwill舊貨店。再往前走到和Pensacola交叉的十字路口，過街，右邊的街上有義大利、越南餐館。

電話：(808)-532-8700

地址：900 S. Beretania Street Honolulu, Hawaii 96813

網址：honolulumuseum.org/354-hours_admission

❶ 火奴魯魯藝術博物館學校。
❷ Esther Shimazu　愛狗Gertie　陶瓷　2013年夏威夷工藝家年度評選展
❸ Pat Kramer　綻放　漂流木　2004年夏威夷工藝家年度評選展
❹ 2012年木器工藝家作品年度評選展現場

⑫ 香格里拉——伊斯蘭藝術之宮 （Shangri La）

21世紀初，火奴魯魯增添了一間富麗堂皇的伊斯蘭美術館。因位於住宅區內，便由火奴魯魯藝術博物館接辦參觀事項、提供交通服務。

以煙草和水力發電致富的工業鉅子詹姆斯‧杜克是美國知名的慈善家，一生贊助無數的教育及公益事業。前北卡羅來納州的三一學院（Trinity College）於接受四千萬美元捐款後，改名為杜克大學（Duke University）。詹姆斯去世時，才十二歲的獨生女桃樂思（Doris Duke）繼承了三千萬美元的遺產，被當時媒體稱為「世上最富有的小女孩。」

桃樂思懂得理財，雖然也樂善好施，出手闊綽，但卻能把父親留下的財富翻個好幾倍。手下員工兩百多人，負責管理在紐約、新澤西、洛杉磯比佛利、羅德島的渡假山莊，以及夏威夷的豪宅。由於兩次婚姻失敗且產下的女嬰夭折，她便立志遨遊世界，從異國文化中找尋人生意義及樂趣。

桃樂思從小熱中藝術，環球蜜月旅行時，愛上印度泰姬瑪哈陵的建築，開始了60年收藏伊斯蘭藝術的生涯。在印度訂製的一套大理石臥室，本欲裝飾佛羅里達的住宅，回程經過夏威夷時，卻愛上世外桃源般的歐胡島，決定在此定居。在威基基海灘的黃金地段買下五英畝地，請名建築家懷也思（Marion Sims Wyeth）設計，費時三年（1936–1938），耗資140萬美元，並將這棟神話似的宮殿以1933年詹姆士‧希爾頓的的小説《香格里拉》命名，這時她才二十二歲。

香格里拉外表樸實，但一跨進門檻，撩人眼目的伊斯蘭拼磚、金碧輝煌的土耳其室、敍利亞風格的客房、摩洛哥式的臥室套房等；烏茲別克、埃及、印度和伊朗的壁氈及地毯；華麗的水晶吊燈、彩繪雕牆、大理石鑲嵌的噴水池，處處是美得出奇、令人目不轉睛的景色，對美術史、工藝、室內設計方面提供了無比研究參考價值。

桃樂思於1993年去世，遺留下十五億美元給生前成立的伊斯蘭藝術基金會。香格里拉宮如今以伊斯蘭學術交流、對外開放、教育大眾為主旨。

❶ 桃樂思‧杜克之娛樂室　❷ 四壁敞開的餐廳　❸ 小土耳其廳　❹ 從客廳遠望娛樂室　❺ 壁龕　❻ 帳篷密封的餐廳
（左右頁圖均為香格里拉伊斯蘭藝術館提供）

時間：每星期三至六，一日三次導覽：9:00、10:30、13:30。休館日為9月1至30日、元旦、美國國慶日（7月4日）、感恩節及聖誕節。

門票：外州人$25；本地人$20（包含火奴魯魯藝術博物館門票）。

提示：在網上或以電話付款訂票，電話：（808）532-3853。從火奴魯魯藝術博物館出發，提早15分鐘前到，觀賞10分鐘介紹短片，再搭乘美術館旅行車到香格里拉。必須跟隨館內導覽員。每日參觀人數有限，全程所需時間約2.5小時。（室內禁止攝影，室外花園、水池、建築無限制。）如上午去香格里拉，下半日則可參觀美術館及美術學校展覽，全程所需時間約2-4小時。

交通：詳見火奴魯魯藝術博物館

電話：（808）532-3853

網址：www.honolulumuseum.org/4883-tours_shangri_la

13 湯馬斯廣場（Thomas Square）

火奴魯魯藝術博物館正對面的綠色廣場上，有數棵巨大的百年榕樹圍繞著圓形噴水池，是一個多元的活動空間，手工藝品、花市等活動定期在此舉行，不過近年來有越來越多驅趕不盡的流浪漢在公園內搭起帳篷，霸占公共用地，為政者三令五申，效果不彰。

廣場名字來自於一歷史事件。1843年2月，英國海軍將領珀勒（George Paulet）帶兵進駐夏威夷，並成立臨時占領政府。五個月後，他的上司理查‧湯馬斯 (Richard Thomas)，以接收代表身分來到夏威夷，到達之後他卻下令撤軍，把領土交還卡美哈梅哈三世手中。為了表示感激，國王在此舉行復國慶祝典禮，當時演說中「國土的生命在正義中延續」的名句，成為今日夏威夷州徽上的座右銘。1925年此處被建成公園，由火奴魯魯市政府管理。

14 州政府大廈與藝術典藏 （Hawaii State Capitol and Art）

這棟廊柱高聳、氣宇非凡的白色長方形建築即是正、副州長及參、眾議員的辦公大樓，也是首都歷史文化區的地標。圍繞著它周圍的一群老建築皆為王朝時期興建，至今已有一兩百年歷史。 風格從新古典、義大利文藝復興到新英格蘭式，是王國到都會各階段歷史之見證。

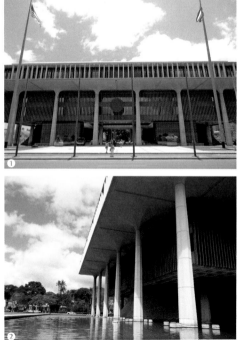

❶ 首都大廈正前方。　❷ 州政府大廈狀似火山之造型，以及暗示國王棕櫚樹的大柱。　❸ 州政府大廈象徵火山口的穿堂。

州政府大廈由加州名建築師約翰・卡爾・瓦內克（John Carl Warnecke）設計，費時十五年，於1969年落成，在此之前，州政府設在伊奧拉尼王宮內。整個大廈占地560000平方尺，分三層辦公室。乍看之下，它屬於國際建築風格，實際上它富有強烈本地文化的元素，強調風、土、水、火山及四面敞開的空間。室內地面和門窗使用的木料，是產於大島、質硬而生長緩慢的科阿木（Koa）。一樓大廳是穿堂，正中央開一四方形天窗，頂部設計似火山口，代表夏威夷的火山地形，而兩邊半圓形的火山底部，為參議院和眾議院。八個修長如傘狀的大柱，代表夏威夷八個主要島嶼；四周圍的水池則象徵太平洋海域。

戴勉神父與痲瘋病人在莫洛開伊島Kalaupapa痲瘋病患特區。（來源：Hawaii State Archives）

1967年首都大廈進行施工時，逢州政府通過公共藝術百分比的法令，因此大廈周遭有多個紀念碑型的公共藝術。正前方是國際名雕刻家瑪麗梭兒（Marisol Escobar）為治療痲瘋病人十六年，最終染上痲瘋病死去的天主教戴勉神父所作的銅像。瑪麗梭兒刻意表現戴勉神父臨終前，被疾病折磨而面目扭曲的容貌，讓世人永遠記住他的捨己為人的精神。

瑪麗梭兒　戴勉神父銅像

戴勉神父於1863年代替他病中的哥哥，從比利時到夏威夷為天主教會工作。第二年他加入神職人員行列，被派赴大島傳教。多年後，他自願前往莫洛開伊島去照顧八千多痲瘋病患者。在荒無人煙的孤島上，戴勉神父為病人護理、建教堂、學校，甚至釘做棺木，直到他自己也染上不治之症。在寫給他哥哥的信裡他說：「為了耶穌基督，我讓自己成為痲瘋病人。」

2009年，梵蒂岡封他為聖人。本地有一所為紀念他而成立的天主教中學——達米安紀念學校（Damien Memorial School）；在威基基卡拉卡哇大道邊，即庫西澳海灘對面的聖奧古斯丁（St. Augustine）教堂裡，有當年戴勉神父主持彌撒時使用過的物品。教堂與ABC小商品店中間的二樓上有一博物館，供人回顧他在莫洛開伊島上與痲瘋病患者的生活景象。2013年底紀念戴勉神父的新館破土，新址就在聖奧古斯丁教堂的花園內。

❶ Tadashi Sato　水瓶座　1969　玻璃馬賽克州政府大廈穿堂　❷ 庫西澳海灘對面的天主教聖奧古斯丁教堂，有戴勉神父遺物供人瞻仰。　❸ 燃燒的火炬──給夏威夷軍人之獻禮。

　　大廈的公共空間，以及議員辦公室內，皆以州政府多年來購藏的本地藝術家作品美化空間。建築對面「永遠燃燒的火炬」是為夏威夷軍人而立的紀念碑，日裔藝術家部培・阿卡吉（Bumpei Akaji）之作品。他本人曾於二戰時期赴義大利作戰，退伍後從事銅雕藝術。　穿堂是吸引大眾駐足的地方，在此寧靜的仰望天窗、浮雲，欣賞地面上日裔藝術家塔達喜・薩托（Tadashi Sato）的馬賽克藝術〈水族館〉，周圍池水與其交相呼應。雖然舉目空蕩，藝術氛圍卻十分飽滿。薩托一般多以油畫為創作媒材，專長於表現朦朧的心境與自然幻象。色調柔和，充滿詩意。

　　王國最後的一位統治者，莉莉烏可蘭妮女王的銅像就在大樓正後方，懷念她的人至今仍常來此獻花。她左手拿著的是聞名世界的〈珍重再見〉歌詞及史詩Kumulipo譯文，腳下的土地曾是卡美哈梅哈三世王妃卡拉瑪的寢宮。

時間：穿堂部分終年開放
門票：免費
交通：乘紅線遊覽電車或在威基基Kuhio Avenue乘2、13路公車，於首都大廈對面下車。
地址：415 S. Beretania StreetHonolulu, Hawaii 96813

　　州政府大廈斜對面有棟白色古典的兩層樓房，那即是末代女王莉莉烏可蘭尼被迫下台後直到過世前的官邸，外觀端莊威嚴，素有「小白宮」之稱。建築原是女王的公公——美國商船船長多民尼斯（John Dominis）——於1841年建。莉莉烏可蘭尼嫁到夫家後先住在此，繼承王位後便入主伊奧拉尼王宮。王朝被推翻時，她又遷回原官邸，前後在此度過五十五年。

　　華盛頓府為木匠師傅艾薩克・哈德（Issac Hart）設計，由義大利砌磚工人建造。1848年，美國總統詹姆士・珀克（James Polk）派至島上的專員建議將此私人住宅命名為「華盛頓府」，以紀念華盛頓總統誕辰，得到卡美哈梅哈三世的批准，是以得此名。為何會接受一個與王國不相干的名字？筆者按，可能是經過英國於1843年的侵占後，夏威夷在卡美哈

梅哈三世的要求下接受美國保護，將此宅命名「華盛頓府」，明顯地告示它國：王國有美國老大哥的保護。 自1922年直到2008年新州長官邸落成，「小白宮」一直是夏威夷各屆州長的官邸。華盛頓府今為國家歷史建物，由華盛頓府基金會維護管理，並對外開放參觀。室內一切家具、 裝飾品，仍依照女王生前的樣式擺設。

時間及導覽：請上官網聯繫，參觀者需事前電話預約：(808) 586-0248。 www.washingtonplacefoundation.org/

門票：免費。自由樂捐。

交通：乘紅線遊覽車或在威基基Kuhio Avenue乘2、13路公車，於首都大廈對面下；自駕**車者**，可停車於伊奧拉妮王宮停車場（停車表）。

餐飲：見女青年會Julia Café、州美術館咖啡廳

電話：(808)536-8040。

地址：320 S Beretania St, Honolulu

16 聖安德魯聖公會大教堂
（Episcopal Church/St. Andrew's Cathedral）

　　政教合一是夏威夷王國時期的特色，緊鄰著華盛頓府的聖安德魯大教堂為其代表之一。卡美哈梅哈四世與艾瑪王后親善英國，信仰英國國教，並建此教堂，但採用的建築風格卻是早期哥德式，室內天花板和石柱低矮粗壯，石材是預先在英國切割好運來。卡美哈梅哈四世不幸在破土前去世，由其弟卡美哈梅哈五世接手監督，於1867年完成。不用說，這是當時最雄偉的建築，未改建之前的伊奧拉尼王宮也無法與之相比。彩色人工雕花玻璃裝飾入口處的整面牆，仔細端詳，即會注意到上面敍述的是庫克船長的西方探險隊發現夏威夷的經過和王國歷史，進口門窗右上方佇立的便是卡美哈美梅哈四世與王后。日本情侶愛往夏威夷舉辦婚禮，迷人的建築常使聖安德魯車水馬龍。教堂平日開放，每日有彌撒，中午12時有號稱太平洋最大的管風琴演奏。

門票：免費

交通：與華盛頓府相同；Alakea和Queen Emma Street街口有收費停車場，另教堂停車場週末免費，周日車位有限。

餐飲：見女青年會Julia Café、州美術館咖啡廳

電話：(808)524-2822轉215

地址：229 Queen Emma Square, Honolulu

網址：www.thecathedralofstandrew.org/

聖安德魯聖公會教堂（上圖）　聖安德魯教堂內部。（下圖）

州美術館 (Hawai'i State Culture and Art Museum)（上圖）
描繪基督教與夏威夷歷史之鑲嵌玻璃藝術（左頁圖）

⑰ 夏威夷州美術館
(Hawai'i State Culture and Art Museum)

　　曾任美國聯邦人文藝術理事會主席的瓊‧孟代爾（Joan Mondale）說過：「政治不需要藝術，而藝術卻不能沒有政治。」州美術館的建立，是對後半句話最具體的行動。然而每一個州政府對藝術支助的預算及做法，都得依照各州的需要而制定。夏威夷州政府在公共藝術推廣及收藏方面施行有年，累積的藝術作品不計其數，成立州美術館是水到渠成之事。

　　州政府大廈往中國城的方向走半條街——理查茲（Richards Street）和南不利坦尼亞街的路口——佇立著一座西班牙式的白色建築，州政府於2001年購買下整修後，將12000平方尺的二樓分為兩大展廳，一邊做永久陳列，另一邊則為主題展空間。

　　這棟吸引人的建築最初是王室接待外賓的賓館，建於1872年。基督教男青年社在1917年買下後，先做為陸、海軍基督教男青年會址。陳舊的木造結構終於在1926年時改建為石材樓房。

　　州政府重視藝術得歸功於60年代的約翰‧伯斯州長（John A. Burns）。1967年時州政府通過一項法令，規定州內建築預算中必須編列1%的藝術預算。目前為止，州美術館已擁

❶ 人像藝術展廳，特別展。❷ 抽象藝術廳 ❸ 二樓展廳分別在過道兩端 ❹ Bumpei Akaji　地球母親　1984　紅銅 ❺ Doug Young Waiku
無水倒影　玻璃　州美術館庭院 ❻ 後花園公共藝術：Satoru Abe作欄杆銅雕，後為露兜樹。

有一千四百位藝術家以上的作品，總數達五千件以上，陳列在州政府辦公樓、校園、圖書館、機場等公共場所。館內展出的，是州政府歷年來從各項美展中收藏的優秀作品。與世界各地相比，本地藝術家可謂萬分幸福，不但有一座專屬的殿堂，遇美術評選賽時，政府的文化官員總會悄悄的先到會場，在優秀的作品下方放上紅點，表示已被買下典藏。

後花園不久前增置一批新穎的景觀藝術，於每月第一星期五之夜，或有特別活動時才開放。最美的時刻是晚間，結合琺瑯玻璃藝術與太陽能板的迴廊，夜間能自我照明；無水倒影池，在燈光下蕩漾著波紋。周圍的公共藝術被烘托得優雅迷人、五彩繽紛。

時間：星期二至星期六10: 00-16:00；星期日、星期一及國、州假日休館。
門票：免費
交通：與上同
餐飲：州美術館咖啡廳
電話：(808)586-0300；展覽語音信箱：808-586-0900。
地址：250 South Hotel Street, Honolulu
網址：www.hawaii.gov/sfca

18 韓戰、越戰紀念碑
（Korean War and Vietnam War Memorial）

　　夏威夷的戰爭紀念碑之多，僅次於首都華盛頓，但仍少一座針對夏威夷於韓、越戰期間殉職軍人而立的紀念碑。1994年菲裔州長班‧卡耶塔諾（Ben Cayetano）主政時期，此一缺憾獲得彌補。在州美術館右翼對街的人行道邊可看到韓越戰爭紀念碑牌。走進一攝濃鬱的樹蔭下，即出現七百六十八塊黑色方形花崗石整齊堆疊的兩道弧形台階，高6尺，寬100尺，每塊花崗岩上刻著殉職者大名，給人的印像是極簡、莊嚴。此外，由於位在州政府大廈、伊奧拉尼王宮和州美術館之間，有其獨特的在地性。

19 女青年會總會（Laniakea YWCA）

　　每次遇見老建築，總想停下來多看兩眼，探究其身世。位在理查茲（Richards Street）街與州美術館和伊奧拉尼王宮為鄰的，即是基督教女青年會總會，為美國早期女建築師

朱麗亞‧摩根 (Julia Morgan)於1927年設計。摩根因給報業鉅子赫斯特（William Hearst）設計豪華山莊而一鳴驚人。女青年會以協助婦女發展事業、貢獻家庭社會為目的。在女性主義尚未抬頭的年代，這位成功打進夏威夷的職業女性，被當時婦女尊為典範可想而知。

　　莊嚴古典的建築，高雅的氣氛和飲食文化──星期日早餐及平日的午餐、晚餐──使它成為城中區的亮點。在陽傘下午餐、品咖啡，悠閒的欣賞那個年代風行的新藝術裝飾、拱門廊柱、陽台，真是快意無窮。

❶ 基督教女青年會　❷ 艷陽下的戶外咖啡廳，基督教女青年會。　❸ 展現出朱莉亞‧摩根設計的游泳池邊牆。　❹ 裝飾藝術風格的休息廊室。

時間：星期一至五:5:00－19:00；星期六休；星期日8:00-14:00。

門票：免費

交通：與上同

餐飲：Julia Café。最受讚美的是Ahi魚炒飯。早餐須事先定位。電話：(808) 695-2639（早餐：星期二至五7:00-10:00；星期日8:00-12:00；午餐：星期一至五：11:00-2:00）。

電話(808) 533-3334 （預約或一般詢問）。

地址：1040 Richards St., Honolulu, HI 96813

網址：www.ywca.org/site/pp.asp?c=9fLGJSOyHpE&b=269460

20 最高法院及司法歷史中心
（Hawaii State Supreme Court/ Ali'iolani Hale）

從理查茲街穿過南國王街，經過郵局海關法院老建築，眼前即是一棟義大利文藝復興式的建築，此乃夏威夷州最高法院，出自伊奧拉尼王宮的澳洲建築師湯瑪斯‧羅（Thomas Rowe）之手。正前方金黃耀眼的銅像，即是統一夏威夷群島的卡美哈梅哈大帝。這棟建築原是卡美哈梅哈五世為自己建的王宮，因政務需要，中途改變用途。1872年他親自主持破土奠基，遺憾的是，未能見其落成即逝世。繼任的卡拉卡哇國王以他的封號「Ali' Iolani」為大廈命名，意為「天子之居」。在1874年完工時，是王國的第一座政府行政大廈，裡面包括立法機構、國庫、衛生局、教育局及最高法院，也是當時舉行外交儀式盛典的場所，如今屬於國家歷史建築保護項目。

連夏威夷居民也不知道的是，鐘塔下方曾有一間文物館，以及卡拉卡哇國王提供給當日駐地藝術家使用的工作室。文物館之藏品後來合併到畢士普博物館。

建築內尚有1989年成立的卡美哈梅哈五世司法歷史中心，第一展廳以短片介紹夏威夷上下古今一千多年的土地法、財產使用權，以及水資源私有化之演變。第二展廳敘述夏威夷從原始卡普制度，轉移到19世紀西洋法庭審判制度過程、莉莉烏可蘭尼女王被反皇派審判後被軟禁的事件。第四展廳以二次大戰戒嚴時期（1941–1944）日本後裔不公的遭遇等為主題。筆者在第三展廳，目見法律系學生在有百年歷史的法庭上模擬出庭辯護，這是該中心發揮的另一大功能。

陳列項目中包括第一把陪審團椅，以及卡美哈梅哈三世主持審判的情景，展現夏威夷原始社會一步跨進西方制度的軌跡。從1820年西方傳教士陸續登陸後始到1852年，西方法庭陪審制度在夏威夷落地生根，短短三十年間，原住民社會即搭上快速西化列車，脫胎換骨，令人匪夷所思。

矗立在大廈前的，是卡美哈梅哈大帝至為尊貴的銅像，而其幕後有一段趣事。1878年時，立法員吉布森提議塑造一座卡美哈梅哈大帝銅像以紀念開國之君與庫克船長接觸一百周年。因卡美哈梅哈貌不甚佳，卡拉卡哇國王便請其密友約翰‧貝克（John T. Baker）做模特兒。

完成的銅像在巴黎展出後，在運往夏威夷的途中，不幸輪船在福克蘭島附近沉沒，於是用保險賠償費複製了第二座。第二座銅像運到後不久，吉布森獲得通報，葬身海底的原件被打撈起來，一位船長在福克蘭島的舊貨店買到。吉布森付了875美元，找人修補恢復原形。因此最高法院前的銅像為複製品，於卡拉卡哇國王的加冕典禮上揭幕（1883），原作

則被放置在大島卡美哈梅哈大帝誕生的北口哈拉（North Kohala）。每逢卡美哈梅哈大帝誕辰（6月11日），夏威夷州即舉行盛大隆重的花環獻禮，層層的鮮花環從他的頸子直瀉到地，浩浩蕩蕩向他致敬的隊伍、花車從此處一直遊行到卡皮歐拉妮公園，沿途皆是圍觀的群眾及歡呼聲。夏威夷王朝的光輝歷史與現代時空並存，這一天顯得特別鮮明。

　　最高法院的左鄰是1898年聯邦政府接收領土的行政大樓（Territorial Building），於1926年完工，現在是州政府總檢察長之辦公樓，其右則是1922年所建之聯邦政府建物，如今仍有州政府辦公室及市中心郵局。

時間：星期一至五8:00-16:00，國定假日除外
門票：免費
交通：與上同
電話：(808) 539-4999
地址：417 S King St, Honolulu
網址：www.jhchawaii.net/

❶ 1920年代占領時期修建之郵局海關法院。　❷ 卡美哈梅哈大帝銅像於最高院大廈前。銅像高2.6米，底座高3.3米　❸ 最高法院司法歷史中心　❹ 法律系學生於最高法院法庭模擬演習。

21 伊奧拉尼王宮（Iolani Palace）

　　唯有踏入王宮內，才能深切感受夏威夷曾經是一有主權的國家。最高法院對面，被鐵柵欄圍起來的古典建築即是伊奧拉尼宮，是美國領土上獨一無二的王宮。於1882年卡拉卡哇國王在位時費時三年完成，耗資三十四萬美元，由三位建築師共同設計。造價在當時甚為驚人，但卡拉卡哇認為，輝煌的宮殿是生存於國際間必需有的架式。他曾周遊世界，對義大利建築十分讚賞，因此王宮以佛羅倫斯的建築風格為主，融合本土的裝飾圖案。王室末代君主莉莉烏可蘭尼女王被迫下台後，王宮被充作州、市政府行政處，直到1969年州政府大廈完成。1990年代，經過私人及政府資助，整修及考證，昔日室內裝飾及家具擺設得以恢復原貌，再現以往風采，並開放為博物館。

　　王宮的一樓是接待及宴會廳，奢華的科阿木梯直達二樓王室起居生活區，地下室則是倉庫、廚房和行政人員辦公室。具有歐洲古典裝飾風格的餐廳、接待廳、起居室、歷代國王與王后之油畫肖像、世界各國贈送的珍貴禮品與精緻的古典家具，反映出王國時代的規格

❶ 伊奧拉尼王宮正面　❷ 皇室護衛隊營房　❸ 藍廳—非正式會客及宴會廳，正中央牆壁—法國國王路易‧飛利浦肖像為法國政府於1848年贈送　❹ 國王書房　❺ 正殿—國王及王后寶座　❻ 餐廳（圖版為伊奧拉尼王宮之友提供）

與威嚴。讓中國人感到眼熟的，是各廳房內陳列的中國清代瓷器及漆器家具，那些即是19世紀初以檀香木換取的中國外銷瓷器。

王宮有四個入口，正門為重要儀式專用，理查茲街的進口則供商販出入，首都大廈的後門為侍從家臣進出用，位於州立圖書館和王宮之間的門則是王室專用。理查茲街的出口處有一石砌矮建築，是昔日皇室的護衛營，今售票處及紀念品商店。

王宮及其周遭對原住民是神聖不可褻瀆的空間。早期這裡曾建有神寺，卡美哈梅哈三世的姪女維多利亞‧卡馬馬路（Victoria Kamamalu）公主在此居住。卡美哈梅哈三世接收後（1845），王妃卡拉瑪在附近設寢宮，亦即今日莉莉烏可蘭尼女王的銅像處。歷經卡梅哈梅哈四世、五世、國王魯納理樓，直到1876年卡拉卡哇下令拆毀舊宮，建造伊奧拉尼王宮，這塊土地積滿了王族的歷史與記憶。

理查茲街與國王街角落上的亭子是國王、王后的加冕亭，原來與王宮正對面，以後遷至現在的方位。卡拉卡哇王與王后、莉莉烏可蘭尼女王，皆在此亭內接受登基儀式。

王宮正面的右角落上有一鐵欄與提樹圍成的王室墓塚舊址。1865年努阿安努（Nu'uanu）王室陵園落成後，埋在地下的遺骨被遷至該處。恐有殘留遺骨未掘出，便保留原土墩，並列為禁地（Kapu）。伊奧拉尼王宮與王室陵園是州內唯一不需懸掛美國國旗的地方，其它政府建物必需同時飄揚王國及美國國旗。

每星期五中午12～1時，在王宮草坪上可欣賞皇家樂隊的演奏。該樂隊成立於1836年，至今已有一百七十八年的歷史。

二樓正廳的金屋是音樂廳，王室平日聚會娛樂的場所。（左圖）　伊奧拉尼王宮御座（伊奧拉尼王宮之友提供）（右圖）

科阿木製扶梯；壁上的油畫是十位夏威夷國王與王后之肖像（伊奧拉尼王宮之友提供）。

時間：星期一至六9:00-16:00，售票亭於16:00停止售票，每月第二星期日，夏威夷居民憑證件免費。元旦、國慶日(7/4)、感恩節、聖誕節為休館日。

門票：分三類：成人自由觀賞$14.75（包含錄音帶），有導覽員$21.75；5-12歲兒童$6；5歲以下兒童不可進入。地下室珍品館另加$7，5-12歲兒童 $3。（有中文説明書）。

售票處：理查茲街入口（石砌建築）

導覽：星期二、三、四，早上9-10:00，每十五分鐘一梯次。星期五、六需預約：9:00-11:15，電話：(808)522-0832，Email：palacetickets@iolanipalace.org。星期一無導覽。

自由觀賞，不需預約：附錄音帶，中、日、韓、法、德、西、夏威夷語：星期一：9:00-16:00；星期二至四：10:30-16:00。星期五、六：12:00-16:00。每十分鐘一梯次。

交通：與上同。伊奧拉尼王宮有多個進口：可從首都大廈後門，也可走理查茲街的邊門經護衛營（售票處），又可從南國王街大門（司法院對面）進入。

電話：(808) 522-0832

地址：南國王街（South King St.）與理查茲街（Richards St.）角落

網址：www.iolanipalace.org/

22 努阿安努王室陵園（Royal Mausoleum）

前面提及王室陵園，因此暫時離開歷史文化區，將讀者導向該處。位於努阿安努溪邊，占地3.5英畝的陵園，原住民語為「Mauna' Ala」，意為「香山」（Fragrant Hills），離歐胡島公墓咫尺之遙，環境清幽靜謐，莊嚴的鐵柵欄上鑄有王朝徽誌，園內飄著王國旗子，道路兩旁種著迎風招展的椰子樹，1972年後被列入國家公園史蹟，現由當年負責埋葬卡美哈梅哈大帝的酋長——Ho'olulu之後裔William Maioho管理。

傳統王室貴族的葬儀與一般平民百姓大不相同，過程繁複特殊。經過巫師的祈禱吟誦後，死者的肉體先被蒸化，然後將其骨頭包好，放置在社廟或無人知道的地方，若被敵人發現，則會被偷去做魚鉤或工具。基督教抵達夏威夷後的翌年（1821），原住民放棄以往喪葬習俗，改用追悼會方式，並使用棺木埋葬死者。

永眠於此的是卡美哈梅哈、卡拉卡哇兩代君主、貴族酋長、機要大臣及王室的至親好友。院內中央是卡拉卡哇國王及其親屬之陵墓，正後方後是教堂，其右為卡美哈梅哈家族、輔佐約翰·楊（John Young）、銀行家畢士普及外交大臣羅伯·偉利（Robert Wylie）等，共五十多位歷史人物。

不過第一個被葬在此的，不是王朝的統治者，而是艾瑪皇后四歲的小王子——亞伯特。一年後（1863）小王子的父親卡美哈梅哈四世也因病去世。艾瑪皇后痛不欲生，日夜守在陵墓中陪伴死者。整個皇陵於1865年完成，但卡拉卡哇家族之墓，卻是到美國占領後的1910年，才從努阿安努谷遷移至此，由莉莉烏可蘭尼女王親自主持移柩儀式。

時間：星期一至五，以及陣亡將士紀念日（5月30日），8:00-16:00。
門票：免費
停車：努阿安努歐胡島公墓（Oahu Cemetery）停車場
電話：(808) 587-2590
地址：2261 Nu'uanu Avenue, Honolulu

王室家族墓塚舊址　❷ 位於努阿安努溪邊的王室陵園屬王國領地，不掛美國國旗。
卡拉卡哇國王及卡皮歐拉妮女王之陵墓。　❹ 卡美哈梅哈大帝之輔佐約翰·楊墓碑。

23 卡瓦依阿好教堂（Kawaiaha'o Church）

　　與最高法院並排，隔著龐持博街（Punchbowl Street）的是卡美哈梅哈三世建造的卡瓦依阿好教堂。傳教士未來到夏威夷之前，附近一帶土壤貧瘠，只有教堂所在是綠洲，上有泉水，但只有酋長才能使用。一位名叫Ha'o的女酋長常來取水，後來這地方便被人稱為「Ka Wai a Ha'o的泉水」。1820年，第一批基督教傳教士抵達島上，正逢卡美哈梅哈二世廢除卡普制度，人們的信仰和行為規範一時呈現真空。王室熱誠接待傳教士，並闢地給他們建教堂、宿舍。由於茅草建築常遭颱風和火災摧殘，1838年時，卡美哈梅哈三世自費出資派人潛水到海底，把巨大的珊瑚石切成一千磅重的巨塊，用船拖到陸地上，這樣一共運送了一萬四千多塊珊瑚石，費時五年完成教堂建築，贏得了「太平洋西敏寺」的美譽。大門右邊的建築是魯納理樓國王的陵寢，他是唯一生前要求葬身於此的國王。

　　朝港口的方向有個墓園，埋葬了兩千多個感染上傳染病而死的原住民。周圍有一些樹幹細長、葉子像竹葉般大的樹，這是本地人最喜歡的「提樹」，人們相信把它種在屋子角落，可以避邪保平安。教堂後方的墓園則是傳教士及其後代的墓園。

時間：星期日上午禮拜8:00 & 10:30
門票：免費
交通：從威基基乘紅線遊覽車，或於Kuhio Avenue乘公車2，13路，於首都大廈下車。穿過理查茲街或伊奧拉尼王宮，左轉向前走到Punch Bowl街，過紅綠燈即是。（Honolulu Hale對面）
停車：附近路邊停車表
電話：(808) 469-3000
地址：957 Punchbowl Street，Honolulu, HI 96813
網址：www.kawaiahao.org/

❶ 卡美哈梅哈三世所建之卡瓦依阿好教堂　❷ 傳教士及其子孫之墓園
❸「卡瓦依阿好」是酋長專用的泉水之意。　❹ 魯納理樓國王之墓

❶ 傳教士之家博物館（Mission House Museum）
❷ 穿著及地姆姆裝參加畢士普博物館太平洋廳重新開幕的「夏威夷女兒協會」會員。

24 傳教士之家博物館（Mission House Museum）

　　傳教士與基督教是使夏威夷現代化的主要原因，這所博物館保存的，也正是昔日改變原住民社會的聖經、傳教用的講義、印刷機、傳教士家庭的生活用具、婦女們的刺繡及手工藝品等。從卡瓦依阿好教 堂向鑽石頭方向走幾步就到傳教士巷（Mission Lane），幾 棟構造簡單粗糙的老房子即出現眼前。第一棟木屋是早期一百八十五位傳教士的宿舍，於1821年在波士頓組裝後運來，是本地現存最老的木屋，屬於國家歷史建築保護項目。第二棟於1831年用珊瑚石砌成的房子，是夏威夷最早印製傳教講義的印刷廠。第三棟則是昔日的倉庫。

外美亞原住民婦女所作之〈心愛的旗子〉，為拼布藝術作品，1918年前，目前由火奴魯魯藝術博物館藏。

　　1820年以前的夏威夷還是一個崇拜多神的民族，到1863年時它已是完全信奉基督教的國家。在此期間，傳教士發明了用英語來書寫波利尼西亞語的文字系統，並且在各處興學。不到半世紀，原住民識字率已高達75％，為世界第一。但傳教士全面改造了原住民文化，禁跳呼拉、吟唱、祭神、衝浪。如今仍流行姆姆裝（muumuu），以及本地婦女擅長的拼布工藝，即是當日留下的影響。每年11月底（感恩節後），傳教士博物館舉辦的週末二日工藝品遊園會，熱鬧異常，來此遊賞、尋寶的舊雨新知，把窄小的戶外空間擠得水洩不通。

夏威夷式的拼布藝術常以本地常見的花草樹木為圖案。

❸ 夏威夷州立圖書館中庭　❹ 夏威夷州立圖書館，左右兩邊為英國雕刻大師芭芭拉‧霍普沃斯（Barbara Hepworth）1970年作品〈父母與女孩〉

時間：星期二至六，10:00-16:00。

門票：一般\$10；本地滿五十五歲者及軍人\$8；學生\$6，團體需事先預約。

導覽時間：11:00-15:00，每小時一次。

停車：與上同

電話：(808)447-3910

地址：553 South King Street, Honolulu

網址：www.missionhouses.org

25 夏威夷州圖書館（Hawaii State Library）

　　緊鄰著王宮的是一棟希臘式的白色建築，此即州立圖書館，係美國鋼鐵大王安德魯‧卡內基（Andrew Carnegie）捐贈，建於1911年。設計古典壯麗，氣氛寧靜，露天的中庭栽有婆娑的椰子樹、提樹、甘蔗及熱帶植物，周圍廊下有座椅。室內時有樂團演出，在庭院中小歇，是都市裡鬧中取靜的好地方。

　　圖書館正前方的街角有英國著名雕刻家芭芭拉‧霍普沃斯（Barbara Hepworth）於1970年創作的兩件抽象銅雕作品〈父母與女孩〉。霍普沃斯與亨利摩爾（Henry Moore）齊名，是英國現代雕刻的啟蒙大師。英國人為紀念她，耗資三千五百萬英鎊，在她的故鄉約克郡建了一座紀念館，於2011年落成。

時間：星期一、星期三10:00-17:00；星期二至六9:00-17:00。

門票：免費

交通、停車：與上同

電話：(808)586-3500

地址：478 S. King St., Honolulu, Hawaii

網址：www.librarieshawaii.org

26 火奴魯魯市政府廳（Honolulu Hale）

隔著一條街，與州立圖書館並排的一棟西班牙式的紅瓦建築，即是市長行政大樓，於1928年完成，由查理斯・第基（Charles Dickey）與數位建築師共同設計。高聳的大廳是開放空間，市民團體經過申請批准後即可於此舉辦展覽活動。臨近的摩天大樓則是2006年啟用的新市政廳。市政廳旁的綠地中央有一件7.3米高，黑鋼管架構的公共藝術，作者為已故日裔雕刻及景觀大師野口勇（Isamu Noguchi），題為〈天門〉（Sky Gate）。一年中有兩日，當太陽照射在頂部圓圈時，它的影子會端正的投射在地面水泥的圓周上，人們稱此現象為拉海納午時（Lahaina Noon），夏威夷語意思是「酷熱的太陽」，古時人叫它「烤腦袋瓜的一天」。每年出現的日期會稍有差異，2014年為5月26日及7月16日，約中午12時15分至12時45分之間。

27 中國城（Chinatown）

夏威夷的各移民族群中，唯中國人和日本人有各自的商業活動區，但位於阿阿拉街的日本城早在都市開發時被夷平。已有一百六、七十年歷史的中國城，雖經過兩次火災，仍是全美規劃保存最完好的史蹟和華人商業區。

未與西方接觸前，中國城沿海一帶有小規模的捕魚活動，直到歐洲遠洋貿易船支發現其深闊的港口之後才成為商業中心，大批檀香木在19世紀初從此運往中國。

19世紀中，蔗糖種植業和製糖業需要大量勞工，孫中山先生之兄孫眉此時在夏威夷已 建立信譽，獲得官方信任授權，趁著回廣東娶親時，順便招工。是以，1853至1900年間， 被招募到夏威夷的移民勞工70-80%是香山縣人（今廣東中山縣）。

背井離鄉的廣東人在陌生土地上相互依賴求生，中國城的一些樓牌上有「ＸＸ堂」的字眼，那即是某宗祠的祠堂。頭腦靈活的中國人在甘蔗田合約期滿之後即合夥做生意。多年後，15萬平方米的中國城裡有三分之二的中國店家在此落戶，和原住民及其他移民雜居一處。1886和1900年中國城兩次遭受祝融之災，第一次燒掉三百五十間房屋，七千多人無家可歸。第二次的大火，有個說法是，野心人士想占有中國城而利用消滅老鼠為藉口，毀掉大部分房屋。現在有些樓房上面標示著1901年造，即知原建築曾被火燒毀。

冒那基亞街（Maunakea Street）是中國城的

1900 - Hotel Street with the raging fire rapidly approaching

1900年中國城大火影像

❶ 義大利式的西班牙殖民復興式建築──火奴魯魯市政廳，由數位主要建築師連手設計，於1928年完成。　❷ 中國城建築，第二次大火後重建，1901年。　❸ 野口勇所作的〈天門〉　❹ 中國城河邊路上的孫中山銅像

主街，與荷提裡街（Hotel Street，亦即酒店街）交叉處不遠的摩納開亞市場曾是一大戲院所在，孫中山於1903年的12月14日在現今孔子像處發表演說。《太平洋商業新聞》報導中國人擠滿了戲院聆聽。同條街的1129號是檀香山昔日洪門組織國安會館，1904年1月1日孫中山在此入會的記錄仍然保存著，但戲院已走入歷史。

國王街（King Street，也叫京街）上與革命有關的史蹟有多處。177號是孫中山先生1910年訪夏威夷時下榻之處，店鋪主人是同盟會檀香山分會會員。88號廣昌隆的地下室，是同盟會當年舉行秘密會活動地點，現已不存在。

中國城還包括一個文化廣場，入口在不利塔尼阿街和冒那基亞街交叉口。有菜市場、餐

昔日華人勞工等待家鄉來信的老郵局，如今是實驗劇場·Kumu Kahua。（左圖）奧土愛爾蘭酒吧；右為墨斐思酒吧，1890年。（右圖）

館、旅行社，中華文化中心及興中會紀念館亦設在此處。後面河邊路（River Street）上的孫中山手捧興中會宣言的銅像是中國城的景點之一。

逢年過節，中國城的氣氛濃厚多彩。烤鴨店和糕餅店人潮洶湧。它也是1960年代《檀島警騎》電視影集裡經常出現的背景。中藥店、花店、餐館、超市及新鮮菜肉市場，每日開市後，街道常擠得水洩不通。

整個中國城是由十五條主街交叉組合成，有歷史故事的老房子比比皆是。19世紀中國人生活的奮鬥史，可從老建築中閱讀一二：

1. 貝德街（Bethel Street）及Merchant街口，是一棟米黃色裝飾著古典圓柱回廊的老建築，此乃1871年J.G. Osborn設計的郵局，是當時的資訊交流中心。中國移民在這裡等候老家的信，或把辛苦攢下的工資寄回家鄉，外面的牆壁上曾是一排排的個人信箱。這棟建築在1971年讓給了非營利的實驗劇場Kumu Kahua使用，多年來栽培了不少百老匯舞台上的劇作家和演員。

時間：星期一至五11:00－15:00
電話：(808)-536-4441（訂票）
地址：46 Merchant Street　　**網址**：http://kumukahua.org/

2. Merchant及Nuuanu街口的 T. R. Foster的酒吧，是為紀念經營離島蒸汽輪船運輸公司大亨湯瑪斯·福斯特（Tomas Forster）而建，於1891年落成。當穿梭於各離島之間的蒸汽輪船被飛機取代後，福斯特公司即被航空公司取代，也就是今日夏威夷航空公司（Hawaiian Airlines）之前身。這位福斯特先生也正是福斯特植物園（Foster Botanic Garden）

昔日的主人。

　　福斯特建築風光了大半個世紀後，如今則是彼得奧圖愛爾蘭酒吧（O'Tooles Irish Pub）。別看它門面小，在飲君子和吸煙族中名氣頗噪，尤其受熱門音樂迷、球迷和上班族的惠顧。不過，説是愛爾蘭酒吧，實際上只有牆壁上的裝飾而已，要説氣氛高尚、道地的愛爾蘭酒吧，斜對面的「墨斐思」（Murphy's）更為貨真價實。

中華總商會及中華總會館。

　　T. R. Foster的隔壁是一棟帶有文藝復興風格，以珊瑚石砌成的日本《時事日報》社（Nippu Jiji）。該報從1895年開始發行，曾是全美最大英日文的雙語報，對當時夏威夷日本後裔工作權益和保障，發揮了相當的影響。

　　日本發動珍珠港偷襲之後，所有日裔的忠誠受到質疑，許多《時事日報》的記者被抓送集中營。該報易手改名多次，終於

夏威夷文化傳承中心（Hawaii Heritage Center），中國城。

在1985年停業。休業後餘留的三萬多件文獻現由夏威夷時報攝影文獻基金會（Hawaii Times Photo Archives Foundation）保存管理。

　　地址：902 Nuuanu Ave

　　3. Merchant及Nuuanu路口右轉上Nuuanu街，走到北國王街（N.King，北京街）左轉，夏威夷中華總商會／中華會館即在Nuuanu和史密斯街之間。此建築是1954年由克里夫·楊（Clifford Young）設計，在當年是屬於新潮的建物。

　　地址：42 N. King Street, Honolulu

　　4. 史密斯街上，於北國王街和荷堤裡街兩條平行的主街之間，有棟西洋式的三層樓建築，即是夏威夷文化傳承中心（Hawai'i Heritage Center），以儲藏歷史文獻及中國城內出土之文物為旨。其建築為美國名建築師哈利·李文斯頓·凱爾（Harry Livingston Kerr）於1897年設計，他後來定居夏威夷，到去世時，有上千棟的建築出自於他手。

❶ 新古典建築
經典──夏威
劇院。

❷ 早期最摩登
歐胡市場──
風屋頂、鐵門
窗。

❸ 西洋建築裡
中國菜市場。

❹ 中國城指
──和發大樓
酒店街。

❺ 荷提理街是
日中國城的風
區。

時間：星期一至六9:00 -14:00；星期日及州定假日、12月最後一星期及一月第一星期休。

門票：$1

中國城導覽：星期三、五上午9:30-11:30 , $20。

電話：(808)521-2749

地址：1040 Smith Street, Honolulu

5. 北國王街（N. King St.）穿過冒那基亞街到祈克利琦街（Kekaulike Street）口，
可看到自1904年至今仍在營運的歐胡市場（Oahu Market），這是歐胡島上目前唯一留存的敞開式、四面通風的雜貨商場，講求簡單實用，利用自然涼風的設計；用大理石磨石子做地面，是此類建築的領先案例。

地址：142 N. King Street, Honolulu

6. 祈克利琦街和北荷提理街街口向右轉，走到與冒那基亞街(Maunakea)交叉的路口，
即是和發大樓（Wo Fat），係建築師Yuk Tong Char於1938年設計，落成時是中國城唯一有中國風的地標建築。二樓的皇后大酒家曾是中國城第一家有名的飲茶館，許多影視名人，如法蘭克辛納屈、甘乃迪夫人賈桂琳，來到火奴魯魯，必定到此光顧。然皇后大酒家於2005年停止營業。

地址：115 North Hotel Street, Honolulu

7. 史密斯街與南荷提理街（S. Hotel St.）處有一間呼巴呼巴俱樂部（Club Hubba Hubba），這一帶是中國城最早的風化區，1947年重新裝修後增加了脫衣舞秀，是越戰時美國大兵常光顧的地方。關閉了近半世紀後，由建築公司買下翻修，除紅磚外表和招牌是昔日的紀念物，餘下的已完全脫胎換骨。（荷提理街的39號是一家小畫廊，展出當代藝術。）

地址：25 North Hotel Street, Honolulu

8. 貝德街（Bethel）左轉，在貝德街和泡阿西（Pauahi）街口 即是1922年由華特‧L‧艾莫里（Walter L. Emory）及馬歇爾‧H‧偉伯（Marshall H. Webb）設計的夏威夷電影院，在電視未出現之前，是唯一的電影院，有「太平洋之傲」的美譽。1996年始經過長期關閉整修後，重新開放使用，改稱夏威夷劇院（Hawaii Theater）。外表設計綜合了新

古典及裝飾藝術的特色，座席、舞台、四壁、屋頂等，金碧輝煌，高雅華麗，局部細節做工精細，是時代風格與工藝的代表。

27-a 第一星期五之夜（First Friday Night）

　　十幾年前年筆者遷居火奴魯魯時，中國城每日下午兩點左右便已打洋。2006年，市政府大力推行創意產業，鼓勵畫廊進駐，意圖打造夏威夷的蘇荷區，定每月第一星期五的傍晚為藝術之夜。現在每逢其時，就有數千人湧進中國城。有來看畫展，有來過快樂星期五，也有不少人去觀賞夏威夷劇院的演出。從夏威夷州美術館到中國城之間，所有畫廊（見164頁地圖）皆做開幕展。餐飲業者趁機大張旗鼓，小商品店、服飾店夾雜其間。9點以後，酒吧開始營業，整個中國城川流不息到午夜。

　　雖然不在中國城內，夏威夷州立美術館和畢士普（Bishop）商業廣場的夏威夷第一（銀行）中心 (First Hawaiian Center) 的當代美術畫廊，卻是藝術蘇荷的推手。前者是傑出藝術家作品的推廣典藏機構，有固定預算收藏各項美展中的佳作，（見夏威夷州美術館，139頁）後者的是昔日的畢士普銀行，每隔數月便推出新人作品。二者於第一星期五之夜皆開放到九點。（見第一夏威夷銀行中心畫廊，166頁）

中國城—入夜的每月第一星期五。

中國城國王街每星期五12點以前的花市。

門票：免
交通：於威基基Kuhio Avenue乘2、13路到荷提理街下。停車──見中國城停車地圖。
中國城餐飲：chinatownhi.techmonde.net/?q=node/14
查看每月第一星期五活動表：www.firstfridayhawaii.com/calendar.html

❶ 中國城夜晚的
夏威夷劇院熱鬧
異常。

❷❺ 中國城非營
利馬克斯車庫多
媒體中心畫廊
（Nu'uanu Gallery at
Marks Garage），
瑪西亞·莫爾斯
（Marcia Morse）
與瑪格麗特·
瑞麗卡（Margret
Realica）作品聯
展。

❸ 每月第一個星
期五，所有畫廊
舉行開幕，從傍
晚營業到深夜。

❹ 佩吉·霍珀
（Pegge Hopper）
以創作夏威夷風
情人物版畫成
名，最早進駐中
國城的畫廊兼藝
術家。

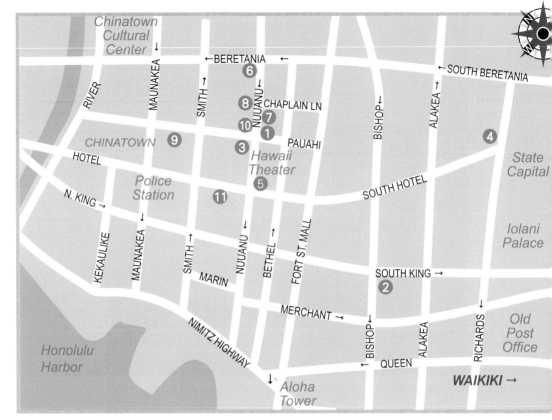

中國城畫廊地圖

❶ The ARTS at Marks Garage; Hawai'i Theater
■ 1159 Nuuanu Ave. ■ Tue-Sat 11-6 ■ 521-2903
■ www.artsatmarks.com ■ community exhibit & performance space, arts business incubator

❷ The Contemporary Meseum at First Hawaiian Center
■ 999 Bishop St. ■ Mon-Thu 8:30-4, Fri 8:30-6, First Fri
■ 526-1322 ■ www.tcmhi.org ■ Exhibitions related to Hawii

❸ The Art Treasures Gallery
■ 1136 Nuuanu Ave. ■ Mon-Sat 10-6 ■ 536-7789
■ Rare antiques, jewelry, fine art

❹ Hawaii State Art Museum(HiSAM)
■ 250 S. Hotel St. ■ Tue-Sat 10-4 ■ 586-0900
■ Exhibitions celebrating the rich artistic history of Hawaii

❺ Louis Pohl Gallery
■ 1111 Nuuanu Ave. ■ Tue-Sat 11-6 ■ 521-1812
■ www.louispohl-gallery.com ■ Representing Hawaii's fine artists & custom framing

❻ New Life Gallery
■ 1190 Nuuanu Ave. ■ First Fridays, by appt ■ 531-0303
■ Paintings, sculpture & craft celebrating Hawaii

❼ Nu'uanu Gallery at Marks Garage
■ 1161 Nuuanu Ave. ■ Tue-Fri 11-6, Sat 11-3 ■ 536-9828
■ Contemporary fine art in a variety of media

❽ Pegge Hopper Gallery
■ 1164 Nuuanu Ave. ■ Tue-Fri 11-4, Sat 11-3 ■ 524-1160
■ www.peggehopper.com ■ Paintings & drawings by Pegge Hopper & local artists

❾ Ramsay Museum
■ 1128 Smith St. ■ Mon-Fri 10-5, Sat 10-4 ■ 537-2787
■ Meseum collection of Ramsay's original quill & ink drawings & prits

❿ Studio of Roy Venters
■ 1160-A Nuuanu Ave. ■ First Fridays, by appt ■ 381-3445
■ Vanity gallery, mixed media works by Roy Venters & others

⓫ thirtyninehotel
■ 39 Hotel St. ■ Tue-Sat 2-10 ■ 599-2552
■ www.thirtyninehotel.com ■ PA community gallery & music space

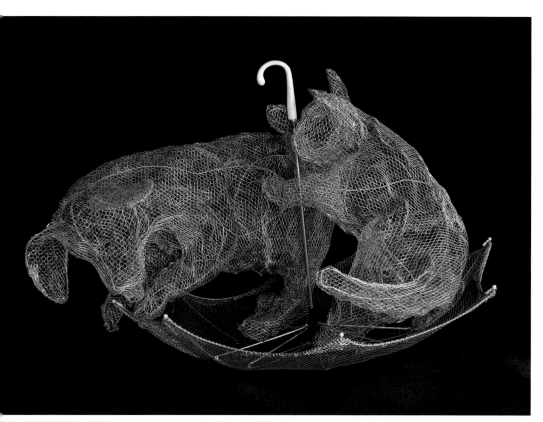

上圖）賈姬・勞（Jackie Lau） 困境 24x 32x 32cm，鋁、鋼 影射環球自然生態危機 馬克斯車庫多媒體中心藝術家聯展
下圖）2013 中國城非營利馬克斯車庫多媒體中心畫廊（Nu'uanu Gallery at Marks Garage）

28 第一夏威夷銀行中心畫廊
（Honolulu Museum of Art at First Hawaiian Center）

　　夏威夷第一銀行（First Hawaiian Bank）是本地資格最老、有一百七十二年歷史的銀行。由伯尼斯・帕烏阿西（Bernice Pauahi）公主之夫婿──紐約銀行家查理斯・畢士普於1858年創立，目的是為提供捕鯨業一套完整的銀行服務業。1969年該行改名為第一夏威夷銀行，對面即是畢士普商業廣場，相當於夏威夷的華爾街。

　　在私人銀行裡闢出藝術空間，並贊助定期美術展覽的，全美恐只此一家。夏威夷藝術博物館負責策劃，而經費則由銀行買單，主要是在商業區提供推廣當代藝術家的視窗。在帕烏阿西公主去世後，畢士普先生創立畢士普博物館，維護、傳揚原住民文化。（見畢士普博物館，195頁）

　　從中國城的任何一條縱道都可通南國王街，順著該街走到與畢士普街交叉口，即是第一夏威夷銀行。正、側面皆有景觀藝術，建築前方的水池內是資深日裔藝術家薩托魯・阿貝（Satoru Abe）的銅雕作品。他素來以銅和金屬為媒材，探索宇宙乾坤。早年赴紐約求學，畢業於當代藝術家大本營──「藝術學生聯盟」（Art Student League）。雖年逾古稀，仍勤奮創作不懈。

薩托魯・阿貝　銅雕景觀作　1997

第一夏威夷銀行中心大堂畫廊。

❶ Miki Nitadori　人像組合　攝影轉印花布　2013

❷ 叁尼·邱霍（Sanit Khewhok）作　大象（Elephant）　油畫　2014

第一夏威夷中心畫廊展出。祖籍泰國的叁尼·邱霍將1975至1992年之間使用過的工具及各類媒體作品，以圓形達3尺高的油畫表示生命與創作之輪迴

❸ 莉絲·崔恩（Liz Train）　無題　絲與毛　2009

作者將絨毛慢條斯理的揉搓到薄絲經緯中，形成各樣抽象流動的色域、質感及造型，頗似彩繪的油畫，暗示夏威夷社會多元文化結構的絢麗經緯。

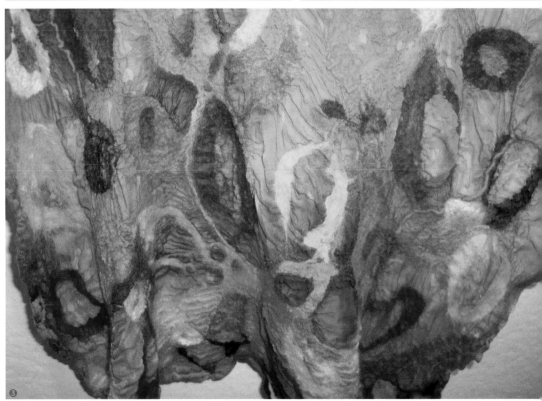

銀行側面的兩匹馬是黛博拉‧巴特菲德（Deborah Butterfield）之作品。她久居大島及華盛頓州兩地，活躍於美國西海岸，受當代藝術之父杜象的影響，採用街頭拾得的廢棄物，如鐵皮、椰子樹殼等創作，再將完成品翻成鑄銅。這一對馬是代表作，空洞的骨架如蒼勁抽象的書法，讓觀者從含蓄微妙的線條中去捕捉動物的靈性，巴特菲爾常以雌馬表現母愛。

藝廊分兩個樓層，部分在一樓櫃檯旁，主要部分在二樓。筆者去的當日正展出駐巴黎日裔藝術家米吉‧尼塔多瑞 (Miki Nitadori)的花布拼合人像攝影作品，探索人脫離文化根源而生存的可能性。發黃的舊照來自於茂宜島拉海納市的日本移民家庭，裝在皮箱裡被人攜帶到巴黎，啟發了藝術家的靈感。

時間：星期一至五8:00-16:00；週末休館。

門票：出示火奴魯魯美術館門票或會員證即可免票。第一星期五之夜開放到晚上九點。

交通：停車：入口在南國王街後面的Merchant Street，出示火奴魯魯美術館門票或會員證，領取停車票。回地下停車場前需給警衛人員蓋章，在停車場出口將票塞進售票機。可免費停車1小時。

電話：(808)532-8701

地址：999 Bishop Street, Honolulu, Hawaii 96813

網址：www.honolulumuseum.org/12002-first_hawaiian_center

芭芭拉‧巴特菲爾（Barbara Butterfield）　對馬（Holualoa）　1993-1996　第一夏威夷銀行中心。　**169**

29 福斯特植物園（Foster Botanic Garden）

悉心經營一百五十多年的福斯特植物園，是都會邊緣上的一顆明珠。緣起於1853年王國時 期，精通物理、植物學的德國醫生威廉・希洛布朗（Willam Hillebrand）跟卡拉瑪王妃購買 下13英畝地，栽植花木，並出版至今被奉為經典的《夏威夷花草植物》。希洛布朗後來被 任命為王室御醫，創立夏威夷醫藥學會，並擔任艾瑪女王醫院（今Queens Hospital）當時 唯一的主治醫師十一年，是本地醫藥健康發展的奠基者。

1865年希洛布朗身負三項重任：赴亞洲及東印度招募甘蔗園勞工，尋求治療痲瘋病的 藥方，並收集各種動、植物標本。在島上住了二十多年的希洛布朗醫生，退休後返回德國定居，植物園便轉讓給經營蒸汽輪船運輸的湯瑪斯・福斯特夫婦。1931年火奴魯魯市政府接收福斯特夫婦遺贈的植物園。此後，收集標本的工作便由哈羅德・里昂（Harold Lyon）接掌。在任的二十七年間他引進一萬多種植物，園中的蘭花區即始自他個人的收藏。

不到福斯特植物園，難以想像它奇異的風采。樹根如矮牆而樹幹筆直粗壯的非洲大樹、落在地上有爆炸聲的南美洲砲彈樹，大開人眼界。實質上，這是一所戶外植物博物館，占地13.5英畝，包括老園區、椰林區、草本植物區、世界遠古植物區、蘭花區、蝶園及各種有來歷的植物。歐胡島上的一百株名樹中，有二十四株在福斯特植物園。其中一株神聖無比的，是在植物園入口上台階後立即進入眼簾的老菩提樹，就是在這株樹的老祖宗之下，釋迦牟尼覺悟成佛。原籍英國的福斯特夫人熱中於佛教，並利用佛教教義推廣教育和容忍精 神，此樹為斯裡蘭卡佛教領袖── 阿納伽里卡・達磨波羅（Anagarika Dharmapala）── 之贈禮。

植物園售票口對面的櫃檯展示許多可觸摸的果核，有些長得驚人有趣，其中最大的是雙胞胎海椰子核（Coco de Mer），出自印度洋地區，是該區出產的著名藥物。進口處右邊有一小花圃，裡面有大大小小、歷時兩百多年的石塊。19世紀初，檀香木貿易發達時期，外國商船將巨大的檀香木運至中國，而回船載運的絲綢、茶葉即利用這些石頭壓艙底。檀香木貿易結束後，這些石頭曾被用做旁阿安努街的行人道，該街拓寬後，石頭被移至植物園，連我們腳下踩的小石徑也是用壓艙石鋪墊的。

每到7月，人們期待是植物園舉辦的中夏日之光（Mid Summer Night's Gleam）。這一天，數千居民扶老攜幼，帶著野餐、海灘椅和野餐布來此，從說故事到教兒童們傳統工藝和勞作，一切活動皆由植物園組織提供。在燈光與燭光交映下，音樂飄飄，眾人隨著起舞，兒童嬉戲期間，美麗的熱帶林使人猶如置身愛麗絲夢境。

❶ 斯里蘭卡佛教領袖Anagarika Dharmapala於1913年贈送給福斯特夫人的菩提樹，與釋迦牟尼頓悟成佛的菩提樹同祖。
❷ 福斯特花園中驚人有趣的種子果核　❸ 雙胞椰子果出自印度洋地區，是植物種子中最大者，具治療疾病之效。
❹ 飄洋過海，散播到世界各地的驚人有趣的種子。

坐在樹下等待音樂會開始時，不妨抬頭看一下高大如傘的猴萊樹，此時它已變得光禿！入夜猴萊樹分泌一種物質將樹葉合起，粗細不一的枝幹透過夜空，呈現一幅動人心弦的枯樹奇景。

時間：9:00-16:00。聖誕節、新年休館。中夏日之光日(Mid Summer Night's Gleam)：16:00-21:00。

門票：非本地居民，成人$5；本地居民$3，6-12歲兒童$1。無餐飲店。對街Zippy西餐店24小時營業。

交通：公車：從威基基可乘4號公車於Vineyard 及 Nu'uanu 路口下，需一小時。威基基Kuhio Avenue或Lewers Street的2、13號公車較快，在中國城荷提裡街與冒那基亞街（Maunakea）下車，走到不利坦尼亞街（Beretania）左轉，再往前走七、八分鐘。

停車：免費停車場。仲夏日之光日，園內停車場關閉，可停在對面Harrison教堂，或Zippy 餐館後面路旁。

電話：（808）522-7065（詢問）、（808）522-7066（預約導覽）。

地址：50 N. Vineyard Blvd. Honolulu, Hawaii 96817

網址：www1.honolulu.gov/parks/hbg/fbg.htm

猴萊樹入夜後葉子會合起來，枝幹和纖細的樹梢透過夜空清晰可見。（左頁圖）
以棕櫚樹裝置的怪物，為福斯特花園仲夏日之光園遊會一景。（上圖）

斯波丁之家（Spalding House）園景

8. 大火奴魯魯地區

威基基十公里方圓：

東西文化中心及畫廊｜夏威夷大學及校園藝術｜John Young美術館｜馬諾阿文史傳承中心｜里昂植物園、馬諾阿瀑布｜日本文化中心／移民的夢想成真｜斯波丁之家｜龐奇博太平洋國家軍人紀念墓園｜艾瑪王后夏宮｜努阿奴帕裡浴血懸崖｜畢士普博物館

火奴魯魯市郊西：

珍珠港國家紀念公園｜夏威夷甘蔗園移民村｜庫坎尼妻口生產石

歐胡島東北沿海：

烏魯珀社廟｜神寺谷紀念公園｜參議員鄺友良農場花園｜波利尼西亞文化中心

歐胡島西北沿海：

外美亞谷園｜普吾歐馬虎卡社廟

● 威基基十公里方圓：

　　威基基十公里方圓之內，尚有多處人文精華，重要性不亞於都會歷史文化區，包括家喻戶曉的珍珠港國家公園、典藏波利尼西亞文物首屈一指的畢士普博物館，以及人跡罕至的古神社、原始壯闊的熱帶雨林等，分散四處，各有不可錯失的精彩度。

30 東西文化中心及藝廊（East-West Center & Gallery）

　　筆者常趁著免費停車的星期日，前往夏威夷大學馬諾阿校園內的東西文化中心藝廊或大學展覽館，消磨一個清閒幽靜的下午。有朋友來時，更驅車往山谷的里昂植物園或熱帶雨林瀑布（見後），這樣的穿插配合，經常讓渴望與大自然和人文藝術親近的友人讚不絕口。

　　被譽為東西半球門戶和世界之窗的「東西文化中心」，川流不息地進出各國大使官員和研究生。此為1960年聯邦政府撥款、詹森總統親自破土而建的研究與教學機構，旨在促進東西文化交流、推廣世人對太平洋地區的認知、培養學術研究及智囊團。雖然是獨立機構，但位置設在大學校園內的東西路（East West Road）上，便於教學與行政。

　　從寶爾街（Dole Street）的大門進入，右邊一字排開的即是行政大樓、議會堂及學生宿舍。半世紀以來，已培育五萬七千多來自各國的公費研究生，其中不乏在今日國際舞台上扮演重要角色的校友。該中心主辦的多項活動中，立竿見影並有影響力的，包括國際哲學會議、太平洋群島首腦會議、亞太地區領袖培訓等項目。

　　21英畝的校地上有一精緻的日本茶室、1967泰國國王贈與的涼亭，韓國宮殿式的研究中心；六棟建築中有五棟是由貝聿銘事務所設計。1963年完成的傑佛森國際會議中心，其後花園的景緻與茶室、涼亭成為一條風景線，常吸引訪客駐足留影。

　　與一般民眾互動頻繁的，是該中心的藝廊，每隔數月即更換展覽，以當前亞洲及太平洋地區的民間工藝、舞蹈、音樂、戲劇及歷史文物等為主題。場地雖小，但項目豐富，是亞太地區多元文化的窗口。

時間：星期一至五8:00-17:00，星期日12:00-16:00。　**門票**：免費
停車：星期日免。星期一至六，下午4時以前，每半小時$2。
地址：1601 East West Road，Honolulu, Hawaii 96848　**公車**：13號

❶ 傑佛遜國際會議中心，東西文化中心，貝聿銘設計，1963年完成。
❷ 泰國國王贈送之亭子
❸ 日本裏千家第25代茶道大師贈送之茶室，1972年。
❹ 記憶之旋律展　金三角之少數民族　東西文化中心藝廊　2012年
❺ 2007年東西文化中心藝廊的吳哥窟之考古與維護展

31 夏威夷大學及校園藝術

20世紀初，一個中國人以無名小卒的身分，在異鄉發起興辦大學的宏願，需有超越時人的視野和毅力，兩種特質在華裔葉桂芳先生（William Kwai Fong Yap）的身上體現，感時傷懷，令人無限景仰。

出生於1873年，父親是來自廣東農村的蔗工，葉桂芳小學畢業後便去打零工。雖只受過小學教育，卻體認到革命救國的迫切，二十一歲時便加入興中會，積極投入籌備革命經費及秘密訓練的活動。

夏威夷成為美國屬地後即步入現代化，但彼時除了一間「農業專科學院」外，尚無其它高等學府。葉氏便呼籲成立大學，提議將此農學院改為綜合性大學。經過多年奔走，邀集各族群共同請願，籌措經費，並慷慨捐輸，終於通過州議會審議，於1920年開始招收學生，此即夏威夷大學的由來。1982年，夏威夷大學在校本部的漢彌敦圖書館（Hamilton Library）成立葉桂芳紀念室，表彰葉桂芳興學事蹟。

夏大是本州唯一的公立大學，在歐胡島上有六個分校及一所醫學院。另四個校區分設在大島、考艾島、茂宜島。校本部位於火奴魯魯市的馬諾阿谷地（Manao Valley），校園面積320英畝，有兩萬多莘莘學子，連分校總人數超過六萬多人。校園裡眼熟的東方面孔（除中國、台灣留學生外），多是本地出生，不通祖語的移民後代。

大學裡的建築新舊參半，乏善可陳，倒讓舉目可見的彩虹雨樹專美於前，不過校園藝術也值得注意。50、60年代到夏威夷來教學或駐地的藝術家諸如：歐姬芙、約瑟·亞伯斯、馬克斯·恩斯特（Max Ernst）、野口勇和東尼·史密斯（Tony Smith），為當代美術奠下基礎，經典作品散見於公共建築、美術館及大學校園內外。

在法學院大樓與寶爾街紅綠燈的角落上，站立著身著風衣的二男一女，在夏威夷的艷陽下顯得有點「暗藏玄機」，不需問，他們肯定是「異鄉人」。此乃美國名雕刻大師喬治·西格爾（George Segal）的作品〈偶遇〉。到底是熟人撞見熟人，還是陌生人在等紅綠燈時相遇，不得而知。由於人體比例與真人相同，面貌、衣著寫實，人們經常擦肩而過，毫不以為奇。

西格爾是第一位以石膏繃帶塑造人物的藝術家。方法是先把模特兒用石膏繃帶分幾大塊包裹住身體部位，等石膏硬化後將各塊卸下，再把各塊合成一個空心人體塑像，即是完成品。多年後，西格爾用鮮明的紅、黃、綠色塗在人像上，做了不少黃、紅、綠人物塑像，但後來又回到翻銅作品。他習慣用市井小民做模特兒。

❶ 喬治·西格爾　偶遇　青銅人像　❷ 雲南版畫家楊永勝碩士畢業成就展　指紋椅　Commons Gallery　2009　由福特基金會贊助的
雲南版畫家楊永勝，將指紋放大數千倍後雕刻在椅背及椅座上，椅子下布施木屑，暗示創作痕跡，牆上則掛著用椅子及指紋拓印的
長軸。　❸ 布萊迪·誒凡斯（Brady Evans）　鳥飛影　鋼筆畫　2012年畢業優異成績個展（Ualani Davis攝影）〈無踪飛影〉完全用鋼
筆畫出細胞分裂的微粒，以細膩的筆觸、密密麻麻相連重疊的圈圈，在濃脹淡縮中捕捉千鳥振翅飛翔、婆娑枝葉的光影痕跡，助人
冥想大自然生命跡象之無所不在。

亞歷山大・利伯曼　希望之門　1972年　夏威夷大學工學院庭院（左圖）。
東尼・史密斯　第四標誌（右圖）

　　西格爾從1950年代起一直住在新澤西的一個養雞場上，他以此為基地，經常和羅特格斯大學教授及紐約前衛藝術家們在雞場上野餐、辦活動，於是「孵」出了以時間、地點為元素的偶發藝術（Happening）。 繼續往前行數十公尺，左邊工學院的庭院裡的超大醒目的橘紅色不銹鋼管裝置是亞歷山大・李伯曼（Alexander Liberman）的簽名作〈希望之門〉。彩虹雨樹開花時，工學院的景觀顯得格外亮麗。

　　順著漢彌敦圖書館正門前的小路朝美術系大樓的方向走，左邊角落上有一巨大幾何形的黑色不銹鋼立體作品，為東尼・史密斯專為藝術系建築量身打造的〈第四標誌〉（The Fourth Sign）。由於大樓面向馬諾阿山谷展開左右兩臂，一臂指向山脈，一臂指向海邊，其造型和實際的建物及地勢形態相呼應。近距離欣賞這件作品時，更能體驗它的比例和虛實之美。

　　美術系有一多角形的展覽館及一間學生畫廊，有定期畢業生、師生及特別展。

展覽館開放時間：星期一至五：10:30 - 16:00；星期日：12:00-16:00。
星期六及國定假日休館。
門票：免。
公車：13號

藝術系大樓後面停車場盡頭左轉，沿著曲折的水泥路走到一小圓環，即是美術館所在的 Krauss Hall。嬌小的美術館藏品全數來自私人收藏家容澤泉先生的贈予。該館以其英文名命名，實際上他是本地出生的華裔。館藏以教學研究為目的，收藏大部分文物來自非洲、太平洋地區、中國、泰國、越南、印尼等國，包含中國古代彩陶、青銅、陶瓷、織品、雕刻。

時間：星期一週五：11:00-14:00；星期日：13:00-16:00。星期六及國定假日休館。
門票：免費
停車：星期日免費。星期一至六，下午4時以前，每半小時$2。
公車：於威基基搭乘13號
電話：(808)-956-3634
地址：Krauss Hall,2500 Dole Street, Honolulu, HI 96822

註：大學寒假12/25至1/5；春假3/17至3/23；暑假5/21至8/24；一般國定假日校園開放。

仰紹文化彩陶　夏威夷大學John Young美術館藏（左圖）John Young 美術館（右上圖）漢代墓葬素胚彩繪動物雕塑　John Young美術館藏（右下圖）

㉝ 馬諾阿文史傳承中心（Manoa Heritage Center）

「馬諾阿」的夏威夷語意是廣大、開闊。許多中國移民世代定居於此，附近有一個中國人的墓園。這裡陽光、雨水、霧氣四溢，常是東邊下雨西邊晴，是所謂的「微氣候型」的氣候，谷地常年一片蒼綠。

從夏大校本部後門出來，朝馬諾阿路（Manoa Road）山區的方向走，便可看見一間英國都鐸式的豪宅，它建於1911年，至今仍住著傳教士庫克家族的後代。為保存馬諾阿地區的歷史文化，現在的屋主於1996年成立非營利機構，開放花園及歷史古蹟給大眾參觀。

園內培植了許多島上的原生植物，並有一個超過九百年的農業社廟遺址。波利尼西亞祖先 從老家攜帶至夏威夷的植物，在此可一睹芳容。祈求豐收的四方形祭台，周圍矮牆是用酷 勞火山噴岩砌成，經專家修復後重現原始面貌。在祭台上遠望馬諾阿開闊的山谷，心曠神怡。

既是白人屋主，為何院子裡會有社廟？傳承中心的管理員為筆者講述它的故事。開發蔗糖的庫克家族，曾擁有這一帶廣大的地皮。欲在此地建屋時，建築師主張打掉殘破的社廟，但第五代主人山姆‧庫克（Samuel Cooke）堅持保留。他年幼時體弱多病，醫藥無效時，家人從大島給他請來一位原住民婦女，使用土法為他理療，終於使他恢復健康。因此他將社廟修復，以示對原住民的敬重與感恩。

馬諾阿傳承中心12世紀祭祀 Lono神之祭壇（Manoa Heritage Center）

早期的土地分配制度「阿呼普阿阿」（ahupua'a），把歐胡島的土地分割成諸多直條的地形，從山谷一直延伸到海邊。數百個酋長分得的土地上都有森林、農田、魚池及海邊等不同的土壤地形。傳承中心一帶曾是芋頭和蕃薯田，因此這裡曾有十四個以上祭奉羅諾的社廟。傳教士介入原住民文化後，禁止祭拜神明，馬諾阿遂成為白人開發商經營牛乳及種植咖啡的農業區。目前在都市近郊保存完善的古代祭壇僅此一處。

時間：星期一至週五9:00 15:00。如事先安排，星期六可開放團體參觀。
門票：一般成人$7；62歲以上$4; 兒童及學生免費。所需時間：1小時。
停車：免費
電話：(808)988-1287；Email: manoaheritagecenter@hawaiiantel.net（參觀者需事先預約）
網址：www.manoaheritagecenter.org
餐飲：馬諾阿路上朝山谷方向，有基督教救世軍（Salvation Army）經營的「崴鷗裡茶室」（Waioli Tea Room）。行駛減速，可看見左手路邊標示。這間帶有維多利亞氣息的茶室其實是咖啡廳，以早午餐（brunch）及茶點有名。位在老樹參天的綠林中，頗富鄉間野味。據說後花園裡的茅草屋原是羅伯‧史蒂文生住過的草房，經重新整修後恢復舊貌。電話： 808-988-5800。

夏威夷大學里昂植物園，馬諾阿山谷。　　　　　　右為售票處，進園區之前需先在此登記。

34 里昂植物園（Lyon Arboretum）、馬諾阿瀑布（Manoa Falls）

　　歐胡島就是這樣奇特：離開人車擾攘的市區不過幾公里路，就出現一片蠻荒如侏羅紀的原始森林。沿著救世軍經營的「崴鷗里茶室」往馬諾阿山谷去，行車一公里左右，在一片住宅區的後面，隱藏著一個大學熱帶實驗林。順著蜿蜒的泥土路上台地，開闊的視野便驀然出現眼前。連綿蔥鬱的山林，清新無比的空氣，時而山嵐霧氣，時而雨灑陽光，只能以「何似在人間」來形容。　自1972年開放以來，里昂植物園一直是夏威夷大學研究與教學的熱帶雨林園，約200英畝（48公頃）。於海拔300至1800英尺的地形土壤上，栽植有六千多種世界各地的奇花異草及熱帶植物。此外，它同時協助本地花圃養植業及農業發展。　由於位在馬諾阿的深山谷地，年降雨量達165至200英吋，天堂鳥、薑花、桂樹，羊齒蕨、露兜樹，一年四季皆欣欣向榮。

　　從訪客中心開始，參照園區地圖和說明書，沿著小徑及標示，徒步觀賞分散在數個谷地的草藥香料園、本土植物園區、外來植物區、經濟植物園

里昂植物園之奇花異草，學名Tacca integrifolia，俗名「白蝙蝠花」，源自馬來西亞。

區,以及世上最大而完整的棕櫚樹區。各區裡有詳細的解說牌,終點是 Aihualama瀑布,全程需一小時。

近在咫尺,和規劃有致的植物園成對比的,是一個充滿野趣的大原始熱帶雨林——馬諾阿瀑布(Manoa Falls),過了里昂植物園繼續往前行數分鐘即到。電影《侏羅紀公園》(Jurassic Park)和電視影集《迷失》(Lost)皆在此拍攝過場景。150尺高的瀑布在熱帶林的盡頭,前段是石子路,中段以後則是濘泥崎嶇的小路,沿途皆有令人驚艷的植物與景緻。

時間:星期一至五8:00 - 16:00,星期六9:00-15:00;國訂假日休息。
門票:無,自由捐款。
交通:從威基基乘公車或觀光纜車到Ala Moana購物中心,轉 5 號公車到馬諾阿山谷,在終點站下車,後步行約 1 公里便看到植物園Lyon Arboretum牌子。駕車:經由馬諾阿路,過Paradise Park,Manoa路盡頭左轉進入植物園,沿著小路,蜿蜒直上停車場。
電話:(808) 988-0456
地址:3860 Manoa Road,Honolulu, HI 96822
網址:www.hawaii.edu/lyonarboretum/gardens
交通:與前同
停車: Paradise Park收費停車場

35 日本文化中心——移民的夢想成真

自80年代始,日本移民的第二、三代子女便有一夢想:建立一個維護文化傳承、含包容性及前瞻性的文化中心。於是由民間發起的籌劃委員會於1986年開始運作,募款、策劃發展,文化中心終於在1995年開幕。

日本人一向團結如粘土,在美國出生長大的後代繼承了祖先的遺傳因子,無論在那裡,都有自己的文化中心、博物館。這間離夏威夷大學校園外不遠的文化中心,也是夏大校區公車的起終點站,裡面有一間永久陳列室,主題是「感謝你,托你的福」,展現早期日本移民的奮鬥掙扎,而今日躋身社會中流砥柱的歷程。「托你的福」是日本人經典的謙遜語:一切美事,皆歸功於對方的祝福。

該中心設有茶道、書道、柔道等課程,小畫廊內亦常展出藝術作品,並有一間琳琅滿目的商品店。

馬諾阿瀑布　原始熱帶雨林，馬諾阿山谷。

36 斯波丁之家（Spalding House）

斯波丁之家也以園藝聞名

前身是現代美術館的斯波丁之家，和火奴魯魯美術館合併後改名。斯波丁之名來自原主人愛麗絲·斯波丁（Alice Spalding），其母為火奴魯魯藝術學院創始人，安娜萊斯·庫克。1925年時它是庫克家族的私宅，1986年時被改建為當代美術館，以推廣、發掘本地藝術家為目的。自1988年開辦以來，舉辦多次本州藝術家雙年展。

從兩扇有藝術浮雕（羅伯·格蘭姆作）裝飾的銅門進去，即是一片綠蔭遮天的園景。走下台階，上百年的猴莢樹高古參天，似乎在和周遭的作品進行主客對話；遠望過去，就是十里洋塵的威基基。在這裡，藝術與大自然混然一體，人為的藝術與自然和諧共處。

花園一角的小屋裡，是英國老畫家大衛·霍克尼 (David Hockney) 應美術館之邀，將1981年為莫里斯·拉威爾（Maurice Ravel）的〈小孩與魔咒〉（L'enfont Et Les Sortileges）歌劇設計的舞台布景重新複製的作品，裡頭的燈光裝置皆在其本人的參與指示下完成。內容講的是一個愛調皮搗蛋的小男童，夢到紙壁上的人物跳出來懲罰他，得到教訓後變成乖小孩。

黛比·尼瑪　草鮮人命　2010　尼泊爾紙、炭筆、刮、蠟、燒、線　三聯畫　68 x 39 英寸x3。此圖為美國槍械氾濫於2003至2005年之間造成之死傷人數統計。

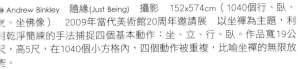

● Andrew Binkley　隨緣(Just Being)　攝影　152x574cm（1040個行、臥、
立、坐佛像）　2009年當代美術館20周年邀請展　以坐禪為主題，利
用乾淨簡練的手法捕捉四個基本動作：坐、立、行、臥。作品寬19公
尺，高5尺，在1040個小方格內，四個動作被重複，比喻坐禪的無限放
大。

● 礁岩系列之六，吉建解作，40 x 40 英寸，膠、鋼絲絨、動物骨、三夾
板，2012年夏威夷藝術家雙年展。

● 艾利·巴克斯特（Eli Baxter）　另類水晶燈　自行車內胎、鐵線　2008
年邀請展　黑色物體皆自廢棄的自行車內胎，經過鬼斧神工的剪刀術頭
台轉世。烏漆麻黑捲曲的畸形物體，美醜相依並存，技術與想像力的詭
譎怪異，令觀者陷入迷陣。

　　1925年，賓州出身的建築師伍德（Hart Wood）設計這棟住宅時，正值夏威夷建築界的黃金時期。他參與設計本地多項重要發展計畫，是夏威夷建築師學會的發起人之一。由於原建築為私人住宅，因此特別強調親密感。5000多平方尺的展示空間，平矮的屋頂，木頭地板的展廳，為冷冰冰的水泥建物所不及。在這裡和當代美術接觸，像在自己家客廳裡。往右邊台階下去是本地出名的咖啡廳。每日推出的菜單總是把午餐時間的停車場擠得滿滿。 由於位在馬吉吉（Makiki Heights）半山腰高級住宅區，雖離威基基僅五、六公里，交通卻不甚方便，從威基基搭公車，等車、轉車需一小時。可乘坐計程車，自駕車或小巴士可免費使用美術館停車場。

時間：星期二至星期六11-16:00，星期日12:00-16:00。
門票：持火奴魯魯美術館參觀門票可免費入場
英語導覽：星期二、日13:30；每月第一星期三11:00、13:30。
交通：自駕車，從威基基卡拉卡哇大道約十五分鐘。
停車：有專人排車位，免費停車。
餐飲：西餐咖啡廳。(營業時間： 星期二至六：11:00-14:00；星期日12:00-14:00)
電話：（808）526-1322
地址：2411 Makiki Heights Drive, Honolulu, HI 96822

Arthur Ganson　另一個夢　焊不銹鋼、橡皮　2014（上圖）

汪伊達（Yida Wang）　穿刺，繁衍系列 II（Infiltratin, Propagatin II）　斯波丁之家2008年邀請展（左頁圖）

秉持中國傳統描繪優勢，作者靈巧運用西洋炭筆代替國畫水墨寫意、寫生，並將文化符號、風景、心境融合於一舞台上，營造細膩而懾人心魄的情境，並大膽地以西洋形式框架展現。

37 龐奇博太平洋國家軍人紀念墓園
（National Memorial Cemetery of the Pacific）

這是世上唯一利用火山岩噴口做國家軍人公墓的例子，也是距離天堂最近的墓園。來過的訪客皆「嘆為觀止」，的確，它的景觀與構思太奇異美妙了。

七萬五千年至十萬年前，火奴魯魯第二階段火山期噴出的岩漿形成了龐奇博。Punchbowl一詞源自於夏威夷語Puowaina的譯音，原意是「祭祀坡」。它曾是酋長用活人祭拜神明的地方。到了卡美哈梅哈大帝時代（1810），火山口的周邊多了兩座炮台。1880年始，卡拉卡哇國王允許原住民在斜坡上建屋後，便成為原住民的世居地。

二次世界大戰末期，為保護火奴魯魯港及珍珠港，在火山口周圍掘出一圈隧道，放置列炮。1943年，國會及退伍軍人要求夏威夷提供在亞洲戰場上殉難者的墓地，當時的州長提議以這座116英畝大的火山噴口作為墓園，於是國會於1948年通過預算，打造出這座前所未有的軍人公墓。

到目前為止，有五萬三千人為二戰、韓戰、越戰犧牲的官兵與家屬安眠於此，包括二戰傷亡的士兵、水手一萬三千多名，三個戰場中失蹤的二萬八千七百八十八名士兵，珍珠港死亡官兵，和2001年始確定的七十名葬身於亞利桑那號的軍人。「榮譽獎章」得獎者和其他有名的夏威夷英雄也安葬於此，包括夏威夷第一位太空人Ellison Onizuka，以及二戰退伍老兵如總統歐巴馬的外祖父斯坦利・頓韓（Stanley Dunham）。

石階頂端白壁上的浮雕像是自由、公正女神歌倫比亞，站立在船尾，手持桂冠葉，代表所有悲痛中的母親。壁上刻著林肯總統寫給在南北戰爭中一位喪失五個兒子的婦人的信：

沉重的榮耀歸屬於妳；
躺在自由聖壇上的犧牲者付出了無比的代價。

龐奇博太平洋國家軍人紀念墓園

龐奇博太平洋國家軍人紀念墓園

　　台階兩邊立體大理石碑（Courts of the Missing）上刻寫著二戰失蹤的二萬八千七百八十八官兵名。台階 底的白色大理石石碑上寫的是：

此園裡記載的為國捐軀者，

他們在地球上的安息處只有上帝知道。

　　龐奇博火山口屬於國家歷史名勝古蹟，每年有五百多萬訪客到此追弔。

時間：9月30日至3月1日，8：00-4：30。3月2日至9月29日，8：00-6：30。陣亡將士紀念日，上午7時至下午7時。

交通：公車不便。如懂英語，可參加由威基基出發之英語團「記住珍珠港＃66」（Pearl Harbor Remembered ＃66）回程中包含龐奇博一站，費用經濟實惠。（見http://www.enoa.com/tour/pearlharborremembered66/）如欲參加中文團，則可向當地華人旅行社詢問自由定製行程或參團細節。自駕車者可將車停在墓園路邊，自由漫步墓園。從此瞭望市區景色是另一收穫。**地址**：2177 Puowaina Dr, Honolulu，HI 96813

艾瑪王后夏宮。（左排圖）
艾瑪王后夏宮花園之一景（右圖）

38 艾瑪王后夏宮（Queen Emma's Summer Palace）

伊奧拉尼王宮給人的印象是高貴華麗，而艾瑪夏宮讓人看到的則是王室日常的生活起居。艾瑪是卡美哈梅哈四世的王后，她的祖父約翰‧楊(John Young)是被卡美哈梅哈大帝俘虜的英國水手，後來成為卡美哈梅哈的心腹智囊。1848年，一名商人向王室購得這塊地皮後建此洋房。兩年後，他以六千美元將房子過戶給約翰‧楊。楊因膝下無子，孫女艾瑪得以繼承遺產。從1857至1885年的二十五年間，成為艾瑪和卡美哈梅哈四世避暑專用的行所。

艾瑪王后去世後，王室購回夏宮並對外出租，久之被人淡忘。1915年，市政府有意將它改建公園，一群傳教士的第二代婦女組成「夏威夷女兒協會」（Daughters of Hawai'i），集資購買夏宮和2.16英畝的園地，以保存古代夏威夷精神、語言、文化及其歷史古蹟為旨，並長期經營監督。這些婦女們的血緣背景各異，共同特點是她們對主人的生活，文物之維護、解釋，熱忱感人。

室內家具原封不動的依照原樣擺設，包括王室一家人生前使用的科阿木床、維多利亞時代家具、英國王子亞伯特送給艾瑪及國王的三層科阿木餐具架、印度國王所贈的虎爪珍珠金項鍊，羽毛披風、儀仗、皇親貴族的油畫像等。顯眼的一隻清朝中國粉彩瓶也在珍藏項

目之列。備受讚美的是一個有四百多個補丁的科阿木缽，表面光滑圓潤，明可鑑人。從生活用品中可以窺見往日講究的工藝和王室的家常生活。 在亞伯特王子的起居室裡有件小男童穿過的童子軍服、清朝皇帝贈送的瓷製浴缸。小王子四歲時死於氣喘病，令皇室夫婦悲痛不已，因此他們扶貧濟困，創辦皇后醫院（Queen's Hospital），此為今人最感懷不忘的功績。也由於他們的積極參與教育，伊奧拉尼中學得以成立。

　　花園裡栽植了許多夏威夷人喜愛的花草樹木，如薑花、提樹。夏宮每年舉辦數次熱鬧的節慶，如10月的年度義賣會、艾瑪王后生日（1月2日）等。

時間：每日上午9點至下午4點。國定假日休。
門票：（外州）大人$6，（本地）$4，兒童$1。有中文導覽說明書。
交通：從威基基乘4路，或在Ala Moana購物中心乘55號、56號或57號公車。
停車場：免費
電話：（808）595-3167
地址：2913 Pali Highway　　　**網址**：daughtersofhawaii.org

艾瑪王后夏宮會客廳（左圖）。主臥室，艾瑪王后夏宮（右圖）。Umeke是容器，象徵「共享」，常被做結婚禮品。這只有四百多個補釘的科阿（Koa）木缽，顯示主人珍愛的程度，也表現出修補者的精湛技術。（左下圖）艾瑪王后夏宮春季工藝會。（右下圖）

1795年卡美哈梅哈大帝一定江山的努阿安奴帕裡浴血戰遺跡。

39 努阿安奴帕裡浴血懸崖（Nu'uanu Pali Lookout）

離夏宮5英里處即是位在大風口、懸崖邊上的風景瞭望台，崖深1200英尺，以壯烈殘忍的歷史事件有名。Pali語意為「懸崖」。卡美哈梅哈大帝於1795年統一夏威夷群島，決定勝負的一場浴血戰就發生在此地。

當年，卡美哈梅哈帶領一萬兩千士兵，備有火藥砲台的一千兩百艘戰船，從威基基附近的海邊登陸，在島上偵察敵首卡拉尼庫普樂（Kalanikupule）之實力後，便和對方在龐其博火山口附近短兵相接。卡美哈梅哈兵分兩路，從正面和後方包抄，把敵人逼至帕裡懸崖附近的拉伊米，然後乘勝分出一批人馬，將砲台搬到努阿奴谷，以便攻擊對方的砲火。卡拉尼庫普樂被彈擊中，他的主將也戰亡。在群龍無首下，士兵們被逼退至帕裡懸崖邊，卡美哈梅哈兇猛的戰士順勢將他們活活推下懸崖。藝術家Herb K. Kane描繪的景象令人看了不寒而慄。1889年修築帕裡公路時，工人在此挖掘出八百多個頭骨。

帕裡懸崖全景壯闊，從這可遠望珊瑚群最豐富的卡內歐黑灣（Kaneohe Bay）及太平洋。

努阿安奴帕裡浴血戰，原油畫作品Herb Kawainui Kane繪，州政府公園。畢士普博物館。

畢士普博物館主樓建於1889年（左圖） 畢士普博物館進口處天文館（右圖）

㊵ 畢士普博物館（Bernice Puahi Bishop Museum）

　　進了畢士普博物館，夏威夷原住民文化的輪廓立即顯得清晰而震撼。館裡的文物典藏，對於中國人更有一種莫名的熟悉感。

　　在亞太地區，論及波利尼西亞文物典藏數量與重要性，首屈一指的要數這間博物館。它於1889年建於卡美梅哈學校（原住民子女就讀）的舊址上，為紀念伯尼斯公主（Bernice Pauahi Bishop），亦即畢士普夫人，它以教育、典藏、維護、研究為主旨。伯尼斯是卡美哈梅哈大帝的孫女，十八歲時嫁給紐約銀行家查理斯·畢士普（Charles Reed Bishop），五十二歲時即去世。

　　畢士普博物館已有一百二十年之歷史，收藏文物涵蓋麥克羅尼希亞（Micronesia）、美拉尼西亞

銀行家約瑟·畢士普與妻子伯尼斯·帕烏阿西公主。

（Melanesia）及波利尼西亞等地區，稀有的古代雕刻及工藝品、日用品、食器、紋身及日常生活資料圖片、古代神廟模型等，總數約二千四百七十萬件，其中文物占一百三十萬件，太平洋地區 貝殼標本六百二十萬件，歷史藏書十五萬本。

　　展覽館分散於五處：1. 圓頂天文館（Planetarium）；2. 夏威夷廳及波利尼西亞廳主樓（Hawaiian Hall、Pacific Hall）；3. 帕奇廳（Paki Hall）、圖書館及文獻庫；4. 卡索紀念大樓（Castle Memorial Building）；5. 理查瑪米亞科學探險教育中心（Richard T. Mamiya Science Adventure Center）。圓頂天文館位在進口，每日下午一點半放映的《探路者》

（Wayfinders），講述從大溪地到夏威夷之間，有助於導航的星辰及辨識法，揭發夏威夷群島的密碼。可惜影片為英語發音，如熟悉星象，則可揣測出大部分內容。

主樓是19世紀末流行的羅馬式建築，外表使用本地珊瑚石砌成，室內空間用昂貴的科阿木裝修，古典高雅。約瑟夫隆畫廊（Johseph Long Gallery）是特別展廳，緊挨著的是夏威夷廳，肅靜神聖，令人生畏。展示的夏威夷原住民文物含三個單元，分置於三層樓中。

一樓左邊的阿比吉爾室展出夏威夷王國各代君主的肖像，和代表統治者權威的羽毛儀仗——卡西里（Kahili），以及製作卡西里的各種鳥羽。卡西里形狀像龐大的雞毛撣，象徵王者之尊，工藝師是由國王授權指定，而製作過程講究無比。黃、黑色鳥羽、玳瑁或象牙把柄等組成部分，皆稀有難求，反映出王室貴族的地位權力。

夏威夷廳尾端的帕奇大樓，為圖書館與文獻庫，藏有人類學、音樂、動植物學等方面的書籍，以及歷代王室遺留的日記、回憶錄、書信等。而甬道底端則是太平洋海域的貝類陳列室，是貝殼愛好者大飽眼福的機會，造物主在海底下的鬼斧神工，製造出如此美不勝收的海底奇珍。

乘電梯上二樓即是太平洋廳，經一年多整修策劃後，在眾目睽睽的期待下開幕。多年未面世的寶藏此回公開，令人驚嘆不止。波利尼西亞、麥克羅尼西亞及美拉尼西亞文物的精髓，如罕見的舟帆模型、航海偶像面具、木頭肖像、太平洋群島的貿易編織品、薩摩亞的拂塵、酋長穿戴的羽毛披風、儀仗、貝齒項鍊、編織器物、精緻木雕等，件件意涵深厚。

緊鄰著主樓的卡索紀念大樓是特展空間。 新建的理查瑪米亞科學探險教育中心，通過各

室內裝潢皆用昂貴的科阿木材，畢士普博物館太平洋廳。（左圖） 夏威夷統治者之羽毛披風及權仗（右上圖） 阿比吉爾室展示代表貴族權威的羽毛儀仗（右圖）

種互動展覽，可認識火山、地震等自然現象。

　　於卡索大樓和瑪米亞科學中心之間有一小型夏威夷原始生態花圍，裡面的植物分三類：沙質海岸、乾燥土質，以及所謂的「獨木舟」植物。後者即是波利尼西亞人乘獨木舟到夏威夷群島時所攜帶的植物。

　　於學術上，該館對中國東南沿海、台灣、東南亞遠古人類起源及其相互關係之研究一直是國際注目的焦點。1920年該館召開第一屆太平洋地區科學會議，帶動太平洋群島原住民起源之探索。1940年代，畢士普考古學家艾莫立[1]（Kenneth Emory）在歐胡島東邊的庫裡歐歐（Kuliou'ou）山裡給學生講課時，挖掘出釣魚鉤、樹皮布、石頭工具和焦炭，由此測驗出夏威夷原住民在島上生活起始年代，揭示古代波利尼西亞人抵達夏威夷的時間。 此一驚人發現，激起太平洋地區對南島語族（波利尼西亞為其中一支）研究之熱潮。

開放時間：每日9:00-17:00；星期二及聖誕節休館。
門票：成人$19.95；老年優待票$16.95；4-12歲兒童，$14.95；10人以上有團體優待票。（有中文導覽圖）
交通：於威基基乘公車2號在附近下車
餐飲：咖啡廳
停車：免費停車場
電話：（808）847-3511
地址：1525 Bernice Street
網址：bishopmuseum.org/

Vanuatu之張口木鼓代表祖先和祖先的聲音，太平洋廳，畢士普博物館藏。（上圖）貝殼集錦（中圖）薩摩亞酋長使用之鯨魚骨項鍊。（下圖）

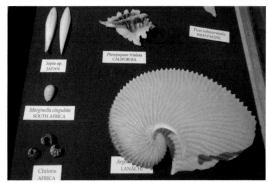

---

1. 1920年代的夏威夷，在基督教、摩門教的改造下已完全西化。有鑑於此，夏威夷出生、就讀哈佛並獲得耶魯大學博士學位的肯尼思‧艾莫立（Kenneth Pike Emory，1897-1992）踏遍太平洋所有波利尼西亞島嶼，尋找原始文化足跡、考古挖掘，成為國際間研究波利尼西亞考古與文化的權威。

● 火奴魯魯市郊西：

④ 珍珠港國家紀念公園

未曾聽説過威基基的人，必定知道珍珠港，這兩個地方把夏威夷擺上了世界地圖。珍珠港位於歐胡島中部，從威基基向西行約四十五分鐘車程，是太平洋艦隊的基地。初期只有亞利桑那戰爭紀念館，最近幾年經過擴大整合成國家公園，今包括：訪客中心、電影院、博物館、美國潛艇紀念碑（US Submarine Memorial），美國弓鰭魚號潛水艇博物館與公園（USS Bowfin Submarine Museum and Park）。

如個人參觀，則先領取亞利桑那戰爭紀念館入場票（免費），依上註明參觀時間進場。入場後，先觀看二十五分鐘短片，然後在岸邊排隊乘船至亞利桑那紀念堂。等候時間有時長達二至三小時，建議一早去，先領票，在等待進場期間，參觀珍珠港國家紀念博物館或弓鰭魚號潛水艇。如時間不足，則等到從亞利桑那戰爭紀念館回來後，再參觀博物館。團體優先進場，如欲節省時間，不妨參加旅行團。

1. 亞利桑那戰爭紀念館（USS Arizona War Memorial）

1941年12月7日，日本偷襲珍珠港，亞利桑那號戰艦被魚雷和空投下的炮彈擊沉，造成一千一百七十七人喪身海底。羅斯福總統稱此日為「可恥的一日」。亞利桑那戰爭紀念館便建在葬身海底的戰艦之上。

這座紀念館的設計人，是二戰時期從奧國逃避希特勒迫害，移民夏威夷的建築師阿爾福德‧普鋭斯（Alfred Preis）。他依照海軍要求，將設計的184英尺長的白色建物橫置亞利桑那的腰身，讓參觀者乘船從前端登上去後，可以從中段透空的四壁看到水底殘餘的船身、浮出水面的炮台、戰艦之頭尾。紀念館的底端是靈堂，一整面大理石的牆壁，上面刻著所有殉難者姓名。陽光從象徵著生命之樹的花窗射進來，讓人們以思念、感懷代替悲傷。

普鋭斯設計的造型異常獨特：一個白色長方形狀的建物，兩端高，中段凹下成弧狀，可以解讀為一台白色的靈車。1962年甘乃迪總統為它落成剪綵時，卻被評為「被踩扁的盒子」。對此，普鋭斯反駁：「亞利桑那的結構中間下凹，兩端堅強挺立，以此告示世人，雖然珍珠港遭受襲擊，但正義終於戰勝了邪惡。」

普鋭斯個人的遭遇也極曲折。他為躲避希特勒的迫害而逃至夏威夷，但珍珠港事件發生後，由於日本與德國同是戰犯國，本地的日、德移民皆被集體送至戰犯收容所，普鋭斯也不例外，被拘留三個月後獲釋，而日本移民則一直被拘留到二戰結束。亞利桑那工程完結

珍珠港國家紀念公園

USS Utah
Memorial(NPS)

弓鰭魚號潛水艇博物館與公園
USS Bowfin Submarine
Meseum & Park

福特島
FORD ISLAND

Admiral Bernhard "Chick" Clarey Bridge

Vistor Center
Complex
訪客中心

F-8

F-7

USS Oklahoma Memorial(NPS)
& Chief Petty Officer Bunglows

F-6

USS Arizona
Marker(NPS)
亞利桑那戰爭紀念館

Pacific Aviaion
Museum
太平洋航空紀念館

USS Tennessee &
USS West Virginia
Marker(NPS)

Battelship Missouri
Museum
密蘇里戰艦紀念館

99

PEARL HARBOR
珍珠港

Kamehameha Highway

（不開放）
USS Nevada
Memorial

珍珠港國家紀念公園

後，普銳斯積極投入夏威夷的文化建設，並於1966至1980年間擔任夏威夷藝術文化基金會第一任總執行長，與當時的州長共同推動公共藝術百分比政策。

訪客中心時間：每日7:00-17:00，感恩節、聖誕節及元旦休。

門票：無

導覽：每十五分鐘一梯次，8:00-15:00。憑券入場，先到先領，旅行團優先，10點前發完。

所需時間：觀賞二十五分鐘的歷史短片後，乘船到亞利桑那戰爭紀念館，共約一至一個半小時。

交通：於威基基乘往珍珠港及龐奇博軍人公墓之專程遊覽車，或於庫西澳街（Kuhio Avenue）乘20號公車往機場、亞利桑那戰爭紀念館及體育場之公車（Airport Arizona Memorial Stadium Pearlridge）或往Ewa Beach的42號公車，在珍珠港國家紀念公園下。

電話：（808）422-3300

網址：www.recreation.gov/tourParkDetail.do?contractCode=NRSO&parkId=72369

❶ 亞利桑那戰爭紀念館中央凹下部分陽光四溢。❷ 模型——亞利桑那戰爭紀念館橫跨被擊沉之戰艦 ❸ 羅斯福總統稱1941年12月7日「可恥的一日」。

2. 弓鰭魚號潛水艇博物館與公園 (USS Bowfin Submarine Museum & Park)

弓鰭魚號是二戰後倖存的十五艘潛水艇之一，服務期間戰勝無數敵艦及潛水艇。在日本偷襲珍珠港之後才開始啟用，九次出巡的任務中，共擊沉四十四艘敵船，是所有被毀敵船總數的 55%。它未曾遭受被拆毀的命運，且逃過被當作訓練打擊的標靶，是研究二次世界大戰史必曉的戰船。

時間：每日7:00-17:00。潛水艇於16:30關閉。感恩節、聖誕節及元旦休館。

門票：大人$12，12歲以下兒童$5（弓鰭魚號潛艇及博物館門票）。使用三十分鐘自動導覽器後再參觀內部各種陳列。僅參觀博物館：大人$5，兒童$4。

交通：與珍珠港國家紀念公園同

電話：（808）423-1341

地址：11 Arizona Memorial Drive，Honolulu, HI 96701， USA

網址：www.bowfin.org/

如白色靈車般的亞利桑那戰爭紀念館。右下角為艦沉之前繫住亞利桑那號的柱子。

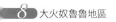

3. 密蘇里戰艦紀念館（Battleship Missouri Memorial）

日本戰敗後於密蘇里號艦上簽訂投降書。

停泊在附近福特島的密蘇里戰艦經歷豐富，有許多可與世人分享的故事。二次大戰終止時，戰敗國日本在密蘇里戰艦上簽下投降書，結束野心瘋狂的日本帝國主義。不為人知的是，密蘇里戰艦頑強的生命安然度過三個戰爭：二戰、韓戰及海灣戰爭。

時間：9-5月，8:00-16:00點；6-8月，8:00-17:00點。感恩節、聖誕節及元旦休。
門票：成人$25，兒童$13（4-12歲）
電話：808-973-2494
交通：於珍珠港國家紀念公園乘每十至十二分鐘班車往佛特島（Ford Island）
網址：www.ussmissouri.org/

4. 太平洋航空紀念館（Pacific Aviation Museum）

太平洋航太紀念館一景

喜歡航空歷史或飛機模型者，太平洋航天館是世界上八大航空博物館之一，可從37號機棚、占地42000平方尺、歷經珍珠港襲擊而完好的停機保養場開始觀賞。入場後，先看十二分鐘的介紹短片，再進入影視、音響 交織的25000平方尺大的展示廳，廳內有真實的日本零式戰鬥機、美國P-40戰鬥機，以及太平洋戰爭使用過的飛機，包括老布希總統單飛過的訓練機Stearman N2S-3。

時間：每日9:00-17:00。感恩節、聖誕節及元旦休。
門票：大人$25，兒童（4-12歲）$15。
交通：與前同。 **網址**：www.pacificaviationmuseum.org/visit/hours

　　這是一個讓本地新生代體驗祖先移民奮鬥的戶外博物館。1850至1950年間，此區域曾是甘蔗和鳳梨農場，50英畝大的農場村位於昔日煉糖廠的南邊。站在空曠的田野間舉目四望，運甘蔗的小火車，破舊不堪，被棄置一處。荒蕪不規整的田地、工地，保存了昔日的模樣。

　　19世紀中期到20世紀初，遠從中國、日本、菲律賓、韓國、葡萄牙、德國、北歐、波多黎各來的移民勞工皆被安置在甘蔗田的工寮裡，毗鄰而居。雇主供食宿，粗食淡飯，生活簡陋，每人月領數美元的兌換票，換取公司生產的日用品。

　　那段時期，類似的工寮宿舍在大島、茂宜島、考艾島亦有多處。一般格局是，園主住在山坡上的大房子，管理員在下，俯視監督，工人則住在平地。每個移民集團僱傭條件不同，因而宿舍分新、舊區，讓同一時期來的移民一起生活後產生認同感，藉此安慰思鄉之情。

夏威夷農場村設在舊煉糖廠附近

　　單身而來的中國勞工，不少人娶了原住民女子為妻，從姓名中即可知曉。日本男子則依賴相片娶親，產生許多照片新娘（picture bride）的悲喜劇。葡萄牙人來時攜家帶眷，做永久定居的打算。不到一世紀，各族群的經濟收入、事業成就、社會地位普遍提高。

　　為參觀及維護方便，各族群的住屋環境經過搬遷集中、修補粉刷，和當年貧窮落後、髒亂擁擠的實景有出入，但屋內的陳設、廚房炊具，農具、個人隨身物、家鄉信件、澡堂等，皆為實物。

農場村開放時間：星期一至六，10:00-2:00，每小時有專人導覽。參觀所需時間為一個半小時。八人以上之團體，需事先以電話預約。

門票：成人$13，軍人$7，本地人$7，四至十一歲$5，三歲以下免費。外州老年人$10。

電話：(808) 677-0110

地址：94-695 Waipahu Street；Waipahu, HI　96797

網址：www.hawaiiplantationvillage.org/

43 庫坎尼婁口生產石（Kukaniloko Birth Stones）

　　從今人的角度看，古代文化習俗多有詭異不可解之密碼。體驗這些遺跡，能將我們帶至數千年前的遠古，想像混沌未開的太初，回顧人類走過的路。

　　外阿耐和酷勞火山噴岩造成的丘陵地——瓦希阿瓦（Wahiawa）——洽好位在島之正中央，氣候涼爽，土壤肥沃，山坡上生長著茂盛的科阿、歐西亞（Ohi'a）樹，周圍的溪流滋養番薯和芋頭田。在古早的酋邦社會裡，瓦希阿瓦代表權利中樞。卡梅哈美大帝統一夏威夷之前，歐胡島的最高酋長皆誕生於此，攸關王權的戰爭也在此一決勝負。

　　12世紀時，大酋長Nanakaoko的妻子，在庫坎尼婁口的石頭上產下卡帕瓦(Kapawa)，建立了庫坎尼婁口生產石的聲譽。此後的七百年，有貴族身分的婦女，都來此生產。1797年，卡美哈梅哈一世計畫要讓王子李赫李賀在此出生，但因王后體弱，無法長途跋涉而作罷。

　　若無心理準備，恐怕不會知道公路邊上露出的一條土路就是入口。土路兩旁各排列著十八顆巨石，走不出幾分鐘即看到幾株高大的尤加利樹，和一群形狀各異的大石塊。舉目是荒郊野地，卻別有景緻，寧靜的氛圍中蕩漾著一種奇幻的魔力。

　　產婦就躺在硬邦邦的石頭上生產嗎？沒有任何解說牌，碰巧遇見正在清理花環的勒闌科先生（La'akapu Lechanko），給我做了現場說明。產前數日，產婦先接受草藥調適，在即將臨盆前被帶到這裡，然後三個人圍坐在石頭的三個角，正前方坐的是巫師，一齊抬著半蹲著的產婦給她接生。同時有三十六位酋長在場，見證未來主人翁的誕生。之後，產婦與嬰兒立刻被帶至附近的神廟Ho'olonopahu，進行七天的淨身和嬰兒臍帶分割儀式。臍帶剪下後即被塞在石頭上的小洞裡。（該神廟後來在開發鳳梨和甘蔗田時被夷平）。

　　勒闌科指著生產石旁邊的一塊矮石頭說，它也許是計嬰兒出生時辰的日規。因為石頭狀

庫坎尼婁口生產石，上面的岩畫已有八百多年歷史。

卡美哈梅哈王室後代，有匈牙利混血的勒闌科，指著生產石旁邊一塊計嬰兒出生時辰的日規石。

❶ 庫坎尼婁口生產石公園　❷ 庫坎尼婁口公園入口

似歐胡島，呈南北方向放置，周圍被鑿成凹凸狀，可能就是日規記號。路兩邊的三十六顆石頭代表三十六位酋長，另四十八顆排列在邊緣的，則象徵見證臍帶分割的四十八位酋長。不過這些大石頭非原地之物。勒闡科是卡美哈梅哈王族與歐胡島最高酋長的後裔，祖先世居於此，目前任教於卡美哈梅哈學校，生產石正是他的博士論題。

　　五英畝大的庫坎尼婁口，原屬州立公園管理，最近由州政府的夏威夷事務處（Office of Hawaiian Affairs）接手，由王族後代及瓦希阿瓦的民間團體共同維護。瓦希阿瓦一帶土質橙紅，是鳳梨主要產區，如今僅有寶爾鳳梨公司的樣品田、號稱世上最大的迷宮及紀念品商店吸引觀光客。從古代生產石到現代農業觀光區，相隔咫尺，體驗兩個迥然不同的時空，令人感嘆唏噓。

註：原住民常帶著食物鮮花來上供，傳統如此，無可厚非，但外人則無需多此一舉。

門票：無
地址：Kukaniloko Birthing Stones, Whitmore Village, HI

● 歐胡島東北沿海（Windward Shore）：

44 烏魯珀社廟 （Ulupō Heiau）

烏魯珀神廟結構復原圖（Source：Ulupō Heiau）

烏魯珀神廟建構想像圖（Source：Ulupō Heiau）

社廟是古代原住民社區精神生活的支柱，即使時代變遷，原住民已改信基督教，社廟古蹟仍備受尊崇的文化遺產。公園管理局呼籲參觀者共同維護史蹟，勿隨地丟棄紙屑、煙頭，勿移動石頭上原住民供奉的果實、花環。

1750年時，凱伊魯阿區是歐胡島上的政治及信仰中心之一，酋長們喜歡來此遊走，因為這裡的芋頭、香蕉、蕃薯甘美，水上交通方便，魚池尤多，最大的Kawai Nui魚池占地400英畝。茂宜島酋長Kahekili擊潰歐胡島酋長之後，曾經住在凱伊魯阿，直到卡美哈梅哈一世攻下歐胡島城池。

附近有好幾個社廟，以烏魯珀為主廟。烏魯珀隱蔽在住宅區一角（YMCA後方），長180尺，寬140尺，高30尺，原始結構已消失，僅餘下大片長滿青苔的岩石台基，和層層石頭堆疊的圍牆，可想見是在一個大酋長主導下完成的。圍在四周的老猴莢樹、椰子樹、提樹，芋頭園，構成一幅寧靜的田園美景。

約六千年前，這一帶有Kaneohe、Kaiwai、Kaelepulu三個海灣。到兩千五百年前時，Kaiwai Nui海灣的淤泥累積成沙洲後出現潟湖，湖內珊瑚、魚蝦肥美，早期的夏威夷人很可能圍湖而居的。兩百多年前，淤泥堵塞住了潟湖，人們便把潟湖擴大成400英畝的Kaiwai Nui 魚池，便是今日的凱伊魯阿灣（Kailua Bay）。

根據烏魯珀社廟的口傳歷史，該廟為古代「小矮人」（menehune）所建。傳說他們身材短小，是探險到夏威夷的第一批人，隱居深林山谷，擅長工藝，一個晚上就能把廟造成。東北角的水井即是小矮人開鑿的。有學者認為，「小矮人」極可能指的是九百多年前到達夏威夷的馬奎薩斯人，大溪地人登陸後，將他們驅逐到了渺無人煙的地方任其自生自滅。

19世紀末，這裡的中國農民把芋頭田改種稻米，此後，牛群來吃草，農民把牠們當做家

烏魯珀神廟台基覆地面積與人比例。　❷來訪者供奉之諾尼果。　❸小矮人Menehune所鑿的水井。

畜圈養起來。1900年時，社廟只剩下斷壁殘垣。1920年後，稻田、魚池變成沼澤，淤泥累積，如今是稀有鳥類的棲息所。

門票：無
地址：Ulupo Heiau State Monument, Kailua,HI 96734

45 神寺谷紀念公園
（Valley of the Temples Memorial Park）

神寺谷（Valley of Temples）

神寺谷平等院

多年前，一位好友堅持帶我來神寺谷，想讓我見識地球上美如仙境的極樂世界。從市區駕車往北邊的卡尼歐西區（Kaneohe），約40多公里即到，與鄺友良農場花園相去不遠。卡尼歐西是古代的主要農業區，氣候溫濕，漁產豐富，有名的地標，是那座像中國農夫帽的迷你小島——Chinaman's Hat。

神寺谷是1963年由私人創立。地面上最醒目的建築是仿10世紀京都的古剎「平等院」（Byodo-In）。入玄關時需脫鞋，大堂裡供的是一座高16英尺燙金的如來佛。

此一宗教信仰各異的安息所也可謂本地多元文化的指標。佛教、基督教、天主教徒，可自由選擇身後的歸宿，無藩籬界限的長眠於此。酷勞山垂直陡峭的翠屏，氤氳繚繞、細雨、陽光，和日本庭園的潺潺流水、鐘聲交織，氣氛寧靜祥和。由於風景優美，也成為觀光勝地。

近代名人張學良和趙一荻之墓就在平等院對面的坡地上，墓園外側擺著「以馬內利」的大理石碑。離此不遠則是香港船王包玉剛之墓。張學良安葬在此處，有一傳聞。當年菲律賓總統馬克仕流亡至夏威夷後不久即病逝，其妻伊美達多次向菲律賓政府請求讓丈夫遺體回國安葬，終於得到同意。夏威夷國會參議員鄺友良得知此事後，便將墓地轉售之事告訴張學良，並且居中促成，於是張氏順利求得這塊墓地。

時間：每日9:00-16:30
門票：家屬免，參觀者收1-2元。停車免費。
地址：47-200 Kahekili Highway，Kaneohe, HI 96744

故鄺友良參議員花園

故鄺友良參議員花園種植有一百多株檀香木

46 參議員鄺友良農場花園
（Senator Fong's Plantation and Gardens）

　　1906年出生，叱吒美國政壇，任美國三屆國會議員，歷經五屆總統的華裔鄺友良，1977年從華盛頓告老還鄉後便隱居山林，傾心經營725英畝的植物園。整個園林面積大於威基基，裡面包括蘭花園、熱帶林，八十多種棕櫚樹、搭建波利尼西亞茅草屋的皮里草、南太平洋的十五種獨木舟植物，以及印度檀香木一百多株。

　　鄺有良開闢了五個園地，各以五位總統的名字命名，如卡特園、雷根園、尼克森園等。曾屬於魯納理樓國王的地產於1950年轉手讓給鄺有良，2004年他去世後即由其子媳繼續經營。四十五至九十分鐘的導覽，遊人從海拔89尺爬到到2600尺的酷勞山頂，可觀看到波利尼西亞人登陸前的原始夏威夷。

　　從農場出來後，卡尼歐西海灣（Kaneohe Bay）是必得造訪的，因為農夫帽島（Chinaman's Hat）就赫然出現在眼前一片碧藍的水域中，紋風不動的，繼續見證中國人和夏威夷源遠流長的關係。

鄺友良農場時間：星期日至五10:00-14:30； 星期六、聖誕節、元旦休。
導覽：每日10:30、13:00
門票：成人$14.50；兒童$9 （電話預約） **停車**：免費
地址：47-285 Pulama Road Kaneohe, HI 96744； 電話：(808) 239-6775。
網址：www.fonggarden.net/

古代波利尼亞首領有重要商討事件時，集合眾酋長，圖中大柱子係各首領之位置。

47 波利尼西亞文化中心（Polynesian Cultural Center）

摩門教的楊百翰大學（Brigham Young University）為提供夏威夷分校在學學生工作機會，於1963年創建波利尼西亞文化中心，是歐胡島上獨一無二的主題公園，以介紹太平洋各群島的文化為主，裡面一切演出、服務、解說、示範，皆僱用該校的學生擔任。精選出的工讀生，接受過嚴格的體能表演訓練，各個充滿朝氣，才藝絕佳。校方的市場行銷也做得完美無瑕，讓這株搖錢樹半世紀以來屹立不搖，並且牽引了整個東南亞主題公園的打造。

摩門教在卡美哈梅哈三世時來到夏威夷，當時有九位傳教士分別被派至各島佈教。1955年時，為應付日增的教徒，利用一棟二戰前的老建築為校地招收學生，訓練神職人員。1970年始，楊百翰在此成立大洋洲語文中心，訓練被派往該區傳教的學生。目前波利尼西亞文化中心的一千三百位工作人員中，70%是楊百翰的學生。

佔地42英畝的波利尼西亞文化中心，包含夏威夷、斐濟、薩摩亞、大溪地，東加、馬奎薩斯、紐西蘭、復活節島八個村落。由於過度商業渲染，人工化的營造，迪士尼式的表演，令遊人以假當真，以為這就是生活真相。不過，在此可以觀看桑樹園、樹皮布與編織藝術示範、美觀樸真的波利尼西亞建築、精雕的獨木舟戰船。

由於距離威基基往返約兩個多小時，遊人一般皆參加旅行團，於午後抵達該中心，漫步或聽解說，晚餐後觀賞綜藝節目，整個行程長達十二小時。

門票：各種套票，見網址：chinese.polynesia.com/answer01.asp?fcat=64&sn=159
電話：（808）293-3333；1-844-572-2347
地址：55-370 Kamehameha Highway，Laie, Honolulu,HI 96762

● 歐胡島西北沿海（North Shore）：

48 外美亞谷園（Waimea Valley）、 普吾歐馬虎卡社廟（Pu'u O Mahuka Heiau）

外美亞谷園對原生態文化的維護保存，與波利尼西亞文化中心人造的主題公園相比，是黑夜與白晝之別。外美亞谷是在既有的千年遺址上恢復古代生活情景，以維護、永續外美亞的文化與自然資源為宗旨而經營。

離波利尼西亞文化中心僅數公里的北海岸，以萬歲浪管（banzai pipeline）、日落（Sunset Beach）、噗噗克亞（Pupukea）、外美亞（Waimea Beach）等海灘聞名。世界各地的衝浪高手，每年11月到2月之間，紛紛夾著浪板到此集合，摩拳擦掌的等候滔天巨浪，再創世界紀錄。但這種衝鋒陷陣的行為也吞噬了無數的勇士，是以有萬歲浪管之名。同時間段內，考古學家也在海邊嚴陣以待，盼望衝擊到岸的駭浪會曝露出埋在沙灘下數尺的岩畫。幾十年來，驚人的原生藝術僅有四、五次被揭露過。

外美亞谷海灣土質肥沃、海產豐富，海灣可停泊船支，沙灘細白，環境得天獨厚。自11世紀開始即築有社廟，是早期歐胡島北部的政治信仰中心。國王、酋長、祭司，世代依山而居。最後一位住在此地的大祭司，是來自大島的河瓦赫瓦（Hewahewa）。經過多年的復

原工程，外美亞谷園目前為世界級之植物園兼戶外博物館。

古時外美亞谷區有三個社廟，位於外美亞谷園上端的普吾歐馬虎卡（Pu'u O Mahuka Heiau）規模最大，長570尺，寬170尺，顯示昔日「高級住宅區」的經濟實力，至今尚留有岩石堆砌的地基、圍牆，以及祭台遺址。站在外美亞谷海濱的高台上，可遠望考艾島，據說當時兩島的社廟經常以火把互發信號。

覆地1875英畝的外美亞谷園有五千五百多種植物標本，包括瀕臨絕種或已絕種的，分布在四十一個園區。紅牌表示稀有或瀕臨絕種；藍牌代表經濟作物；綠色則為一般植物。 這裡的工作人員多半是原住民，詳熟園內的一草一木，並提供中文等多種語言的錄音導覽。在古代生活遺址區，可看到卡普禁忌解除前男女分食的茅草屋。男人的食物女人不能接觸，所以下廚房是男人的事。豬、狗圈旁有人住的茅草房和大小石頭堆疊的祖先廟。

夏威夷原住民講求慎終追遠，觀念習俗與中國人如出一轍。古代的生活，娛樂、農漁社廟、祖廟，在外美亞谷園裡猶如一部史書在我們眼前攤開。

離海灘不遠的哈雷伊娃（Haleiwa）小鎮原是殖民時代的甘蔗園及工寮區，現已被民宿、餐飲業及商品店取代。

時間：每日9:00-17:00； 感恩節、聖誕節休館。
門票：外州成人$15，兒童（4-12歲）$7.5，老年$7.5，十人團每人$12；本地成人$10，兒童$5，老年$5。
交通：從威基基開車約一小時
電話：（808）638-7766
地址：59-864 Kamehameha Highway, Haleiwa, HI 96712
網址：www.waimeavalley.net/

❶用pili草搭建的傳統住屋 ❷古代原住民之棋盤 ❸普吾歐馬虎卡社廟

❶

❷

❸

炊事棚（上圖）　主掌收成之羅諾（Lono）神之廟在外美亞谷植物園進口（左下圖）　古代豬圈狗圈（右下圖）

900	波利尼西亞人自馬奎薩斯島徒手操作獨木舟航行至夏威夷。
1100	薩摩亞及大溪地人來到夏威夷群島，相繼統治夏威夷。
1300	定居的波利尼西亞人不斷往返故鄉，一千三百年後與老家關係疏淡。
1778-79	詹姆士·庫克船長發現夏威夷群島，1779年被殺身亡。
1788-89	英國船長米爾斯（John Mears）從廣州載五十名在船上當廚子、木匠、鐵匠的中國人，於北美洲途中經夏威夷，停留四個月之久。
1795	卡美哈梅哈一世統一夏威夷群島。
1810-1820	檀香木大量出口到中國，得檀香山名。
1820	卡美哈梅哈二世（李赫李賀）繼位。
	美國波士頓公理會傳教士抵達夏威夷傳教、興學，迫原住民改變生活習俗、禁止信仰多神、改信基督教。
1825	卡美哈梅哈三世（考吾其亞歐裡）繼位。
1840	白糖出口量激增，夏威夷成為太平洋經濟主體。
1843	英國出兵占領夏威夷五個月後，英國海軍將領查·湯姆森將領土歸還卡美哈梅哈三世。
1849	法國攻占火奴魯魯，卡美哈梅哈三世與美、英結盟，要求兩國保護。
1852	二百九十三名甘蔗合同工從廣東乘英商船抵達。
1855	卡美哈梅哈四世（亞歷山大李赫李賀）繼位。
1863	公理會遣散所有傳教士，去留自行決定。
	卡美哈梅哈五世（羅特·卡美哈梅哈）繼位。
1866	美國鄉土文學家馬克·吐溫乘船抵達夏威夷。在此停留四個月，描述所見所聞。
1869	退休傳教士與投資者合夥開發甘蔗種植及煉糖業。
1871	孫中山長兄孫眉到茂宜島開發菜園、經營商店。
1873	威廉·魯納理樓成為第一位由立法院推選之君主。

1874	卡拉卡哇當選國王。
1879	孫眉接孫中山及孫母到夏威夷；孫中山就讀伊奧拉尼學校。
1881	卡拉卡哇國王環球旅行，訪問日本、中國、歐美等十六國。
1886	傳教士第二、三代子女與其它企業成立五大（Big Five），包括土地開發買賣、銀行、保險、海陸運輸、農業、啤酒、商品製造批發。
1887	卡拉卡哇國王的內政部長Lorrin A.Thurston聯合美國海軍陸戰隊，逼迫卡拉卡哇簽下《刺刀憲法》，王朝淪為傀儡政府。
1889	蘇格蘭《金銀島》小說家羅伯·路易士·史蒂文生來到夏威夷，往返停留數月。
1891	莉莉烏可蘭尼女王即位。
1893	「五大」政變成功，莉莉烏可蘭尼女王被逼離宮，美國占領夏威夷。
1894	孫中山在艾瑪巷成立革命秘密組織「興中會」。
1895	莉莉烏可蘭尼女王放棄王位，聲明王室陵園為領土主權重地，不可占領。
1898	美國與西班牙戰爭爆發，美國國會通過兼併夏威夷。
1900	反皇派之首—三垵·寶爾被任命為夏威夷總督，並興建珍珠港。
1910	孫中山先生到夏威夷組織同盟會。
1941	日本偷襲珍珠港，美國加入二次世界大戰。
1959	夏威夷正式成為美國第五十州。
1974	喬治有吉（George Ariyoshi）任第一位日裔州長。
1986	第一位原住民州長崴亦（John Waihe'e）就任。
1993	公理會向原住民致歉。君主政體結束百周年，柯林頓總統與國會向原住民致歉。
1994	菲裔本·卡也塔諾（Ben Cayetano）當選州長。
2008	夏威夷出生的巴拉克·歐巴馬當選美國總統。

1月	1/17-18/2015	太平洋島嶼工集市（Pacific Islands Arts Festival），卡皮歐拉妮公園，9:00-16:00 網址：www.icb-web.net/haa/mages/websche-waikiki.pdf
	1/16-22/2015	國際草月流插花展(Sogetsu Ikebana Exhibition)，火奴魯魯藝術博物館美術學校，10:00-16:00 網址：ikebana-hawaii.org/calendar/default.html
2月	2/21-22/2015	太平洋島嶼工集市，卡皮歐拉妮公園，9:00-16:00 http://www.icb-web.net/haa/images/websche-waikiki.pdf
	2/25-3/20/2015	第87屆火奴魯魯版畫家評選展，火奴魯魯藝術博物館美術學校，10:00-16:00 網址：www.honoluluprintmakers.com/events.html
3月	3/6-8/2015	火奴魯魯節（亞太地區國家）；網址：www.honolulufestival.com/
	3/17/2015	愛爾蘭聖派翠克日遊行（St. Patrick's Day） 網址：fosphawaii.ning.com/events/46th-annual-st-patrick-s-day-parade-in-waikiki
	3/28/2015	慶祝庫西澳王子誕辰遊行，卡拉卡哇大道，9:00-11:00 網址：princekuhiofestival.org
	3/19-4/29/2014	布藝作品展，火奴魯魯藝術博物館美術學校，10:00-16:00 網址：www.hawaiiquiltguild.org/ （無2015年展覽訊息）
	3/15/2015	希爾頓威基基海灘，第29屆杜克卡含那莫庫海灘挑戰，獨木舟、單槳水上滑行賽，8:30-14:30。網址：www.waikikigetdown.com/d/d/duke-kahanamoku-challenge-hilton.html
	3/28-29/2015	太平洋島嶼工藝集市，卡皮歐拉妮公園，9:00-16:00 網址：www.icb-web.net/haa/images/websche-waikiki.pdf
4月	4/3-12/2015	威夷原住民藝術家作品年度"接觸Contact"展，火奴魯魯藝術博物館美術學校。 網址：honolulumuseum.org/art/exhibitions/14961-contact_2015/
	4/10-19/2015	夏威夷國際春季電影節，網址：program.hiff.org/updates/
5月	5/1-2/2015	花環日（Lei Day），卡皮歐拉妮公園，9:00-16:30 網址：www.honolulu.gov/rep/site/dpr/leiday_docs/Lei_Day_Program_2015.pdf
	5/2-3/2015	夏威夷書與音樂會，市政府大廈旁，10:00-17:00 網址：hawaiibookandmusicfestival.com/
	5/8-10/2015	火奴魯魯願意俱樂部第84屆年度展，火奴魯魯藝術博物館。 網址：www.mojim.net/tw_search_u2_ebtX6qhh5fU.html
	5/16-17/2015	太平洋島嶼工藝集市，卡皮歐拉妮公園，9:00-16:00 網址：www.icb-web.net/haa/images/websche-waikiki.pdf
	5/25/2015	第16屆放燈日（Lantern Floating Festival），Magic Island, Ala Moana海灘公園，18:00-19:30 網址：www.lanternfloatinghawaii.com/
6月	6/12-13/2015	卡梅哈美誕辰紀念日。12日下午三時於國王街卡司法大廈梅哈美哈大帝銅像前獻花典禮。13日由 伊奧拉尼王宮遊行到威基卡拉卡哇大道，9:00-16:00； 網址：ags.hawaii.gov/kamehameha/
	6/14/2015	大太平洋地區節遊行，卡拉卡哇大道，17:00-19:00 網址：www.pan-pacific-festival.com
	6/20-21/2015	太平洋島嶼工集市，卡拉卡哇大道，9:00-16:00 網址：www.icb-web.net/haa/images/websche-waikiki.pdf
7月	7/4/2015	國慶日，歐胡島各地有煙火活動；Ala Moana Magic Island，20:30 始。Kailua海灘，20:00 始。Turtle Bay慶祝活動12:00~9:00，20:00放煙火。
	7/5/2014	莫伊利伊利夏日節（Moilili Summer Festival），莫伊利伊利社區、日本文化中心，Hongwanji佛寺、卡梅哈美哈學校、夏威夷大學共同舉辦。17:00~22:00 pm. 網址：www.moililisummerfest.com/about-us
	7/12/2014	韓國節（Korean Festival）；Magic Island，（2015年日期地點尚未公佈） 網址：www.hkccweb.org/en/koreanfestival.htm
	7/12/2015	第24屆夏威夷各類收藏家展（Hawaii All Collectors'Show）Neal Blaisdell 展廳，9:30-17:00 網址：www.blaisdellcenter.com/ai1ec_event/hawaii-collectors-show/?instance_id=149122
	7/18-19/2015	羅特王子呼拉節,莫安娜花園（Moanalua Gardens），9:00-16:00 網址：moanaluagardensfoundation.org/
	7/18/2015	仲夏日之光 (Midsummer Night's Gleam) 福斯特花園（Foster Garden）16：00～21：00
	7/19/2015	四弦琴節（Ukulele Festival），卡皮歐拉妮公園，11:00-17:00 網址：www.ukulelefestivalhawaii.org/en/oahu/
8月	8/11-19/2015	夏威夷美日商會優異創作獎賽，火奴魯魯美術學校展廳，10:00-16:00。

	8/16-18/2015	夏威夷式（鬆弦）吉他（Slack Key Festival），卡皮歐拉妮公園，12:00-18:00 網址：http://www.slackeyfestival.com/
	8/21-23/2015	第20屆夏威夷製造商品展，Neal Blaisdell 展廳，星期五10:00-21:00；星期六10:00-17:00 網址：www.madeinhawaiifestival.com/
	8/22-23/2015	太平洋島嶼工集市，卡皮歐拉妮公園，9:00-16:00 網址：www.icb-web.net/haa/images/websche-waikiki.pdf
9月	9/5-6/2015	第32屆沖繩島節（琉球島），卡皮歐拉妮公園，9:00-18:00 網址：www.okinawanfestival.com/
	9/5/2015	青商會發啟之阿囉哈節，開幕典禮（Aloha Festivals），威基基皇家夏威夷中心皇家林園（Royal Hawaiian Center Royal Grove），14:00-16:00 網址：www.alohafestivals.com/pages/events/oahu.html
	9/19/2015	阿囉哈節（Aloha Festival）威基基長街宴，沿卡拉卡哇大道，19:00始。 網址：www.alohafestivals.com/
	9/20-10/11/2015	夏威夷木器家作品展 (Hawaii's Wood Show)，火奴魯魯美術學校展廳，10:00-16:00 網址：woodshow.hawaiiforest.org/
	9/26/2015	阿囉哈節（Aloha Festival）花車遊行，Ala Moana公園經卡拉卡哇大道至威基基。 9:00-12:00 開始。網址：www.alohafestivals.com/
10月	10/4/2015	Wiki Wiki Antiques Show (夏威夷懷舊古董展示會). Blaisdell Center Hawaii Suites）入場費$4.50 10:30-16:30，9:00 以前無入場費。 網址：www.calendarofantiques.com/event/wiki-wiki-one-day-vintage-collectibles-hawaiiana-show-3/2015-10-04/
	10/10-1/11/2014	夏威夷工藝家作品評選展（Hawaii Craftsmen Show），火奴魯魯美術學校展廳，10:00-16:00。(2015年尚未公佈) 網址：www.hawaiicraftsmen.org/annual-2014
	10/20/2015	夏威夷式（鬆弦）吉他（Slackey Festival），Ewa海灘，12:00-18:00 網址：www.slackeyfestival.co
	10/3/2015	艾瑪女王日秋季工藝會，艾瑪女王夏宮，9:00-16:30；網址：daughtersofhawaii.org/calendar-of-events/
	10/30-11/9/2014	夏威夷國際電影節 Dole Cannery 網址：program.hiff.org/schedule/
11月	11/7/2015	太平洋島嶼工集市，卡皮歐拉妮公園，9:00-16:00 網址：www.icb-web.net/haa/images/websche-waikiki.pdf
	11/23/2015	Wiki Wiki古董Show，Blaisdell Center Hawaii Suites，10:30-16:30時，9:00以前無入場費。
	11/28/2015	傳教士博物館（Mission House Museum）假日工藝會，8:30-15:00。網址：www.missionhouses.org/
12月	12/13/2014	國際馬拉松賽，5:00-16:00；網址：www.honolulumarathon.org/

● 定期工藝集市：www.icb-web.net/haa/shows.html
　每星期六、日：業餘畫家展，卡皮歐拉妮公園，動物園牆外，9:00-16:00。
　每星期六、日：威基基海灘日落野餐16:00-21:00時；電影19:15始。
　每月第一星期五中國城：www.firstfridayhawaii.com/d/d/art-at-the-capitol-2014-videos.html
　每星期六：北岸（Northshore日落海灘）趕集，8～2時(8:00-14:00?)。
● 演藝中心：
夏威夷青少年劇院/Hawaii Theater for Youth	www.htyweb.org
夏威夷歌劇院/Hawaii Opera Theater	www.hawaiiopera.org
火奴魯魯交響樂團	hawaiisymphonyorchestra.org/
Kumu Kahua劇場	kumukahua.org/
夏威夷芭蕾劇院/Hawaii Ballet Theater	hawaiiballettheatre.org/
夏威夷國際電影節	www.hiff.org
夏威夷劇院/Hawaii Theater	hawaiitheatre.com
鑽石頭劇院/Diamond Head Theater	www.htyweb.org/
馬諾阿劇院/Manoa Theater	www.manoavalleytheatre.com/
尼爾布萊德中心/Neal Blaisdell Center	www.blaisdellcenter.com/about-us/aloha-and-welcome/
桃樂思杜克表演廳/Doris Duke Theater	honolulumuseum.org/373-doris_duke_theatre
尼爾布萊德中心	www.blaisdellcenter.com/about-us/aloha-and-welcome
桃樂思杜克劇院	honolulumuseum.org/373-doris_duke_theatre

11 參考書籍、網址

● **主要參考資**

◆ The Hawaiian Kingdom 1854-1874, twenty critical years, Ralph S. Kuykendall, UH Press, 1953.

◆ Letters from Hawaii, by Mark Twain, Appleton Century, New York , 1966.

◆ The Legends and Myths of Hawaii, by David Kalakua, Rollin Mallory Daggett, first presented in 1888.

◆ A Shark Going Inland Is My Chief: the island civilization of ancient Hawaii, Patrick Vinton Kirch, University of California Press, 2012.

◆ Broken Trust, by Samuel P. King and Randall W. Roth, UH Press, Honolulu, 2006.

◆ Shoal of Time : A History of Hawaiian Islands, by Gaven Daws, Univ. of Hawaii Press, 1968.

◆ Sailing for the Sun: Chinese in Hawaii, 1789-1989, Ed. by Arlene Lum, University of Hawaii Center for Chinese Studies, 1988.

◆ Merchant Prince of the Sandlewood Mountains: Afong and the Chinese in Hawaii, by Robert Paul Dye, 1997, UH Press.

◆ The Hawaiian Tatoo, P.F. Kwiatkowski, Mutual Publishing, 2012.

◆ Ancient Sites of Oahu, Van James, Bishop Museum, 1991.

◆ Lost Maritime Cultures: China and the Pacific （失去的海洋文化：中國與太平洋）, ed. by Tianlong Jiao（焦天龍）, Bishop Museum, 2007.

◆ Vikings of the Pacific, by Peter H. Buck, The University of Chicago Press, 1959.

◆ A Voyage to the Pacific Ocean, 1776-1780, by Captain James Cook & James King, London, 1784.

◆ 《從百越土著到南島海洋文化》，吳春明著，北京文物出版社，2012

◆ 《夏威夷傳奇——波利尼西亞土著文化展》（Splendor of Hawaii and Polynesia），浙江省博物館、畢士普博物館編著，中國文化藝術出版社，2011

◆ 《孫中山在夏威夷：活動和追隨者》，馬袞生著，2000

◆ 《我所認識的孫逸仙》，陸燦、Betty Tebbetts Taylor合著，黃健敏譯校，文物出版社，2008

● **網上資料**

夏威夷百科：
www.encyclopedia.com/topic/Hawaii.aspx

夏威夷歷史協會：
www.hawaiianhistory.org/ref/recrep.html

華盛頓國家文獻庫：
www.archives.gov/education/lessons/hawaii-petition/

原住民歷史根源：
http://www.hawaiian-roots.com/hawaiihistory.htm

夏威夷航海傳統：pvs.kcc.hawaii.edu/index.html

波利尼西亞人起源及遺傳因子研究：
www.encyclopedia.com/topic/Hawaii.aspx

夏威夷神話：www.pantheon.org/articles/h/hawaiian_creation_myths.html

夏威夷王室：en.wikipedia.org/wiki/List_of_monarchs_of_Hawaii#Stylesevols.library.
manoa.hawaii.edu/handle/10524/605

五大：Big Five (Hawaii): en.wikipedia.org/wiki/Big_Five(Hawaii)

夏威夷州立公園：www.hawaiistateparks.org/parks/oahu/

夏威夷人口：
hawaii.gov/dbedt/info/census/Census_2010/Info_release/2010_Census_Report_3_
Informational_Release.pdf

美國遺傳學會：
www.usgwarchives.net/hi/koc.htm

夏威夷音樂史：
https://en.wikipedia.org/wiki/Music_of_Hawaii

中國城歷史：
chinatownhonolulu.org/21/sandalwood-trade-part-2

夏威夷觀光局：
www.hawaiitourismauthority.org/research/research/visitor-highlights/

節日、活動查詢：
www.waikikivisitor.com/calendar/

- **歐胡島主要公路：**

  - H1高速——從機場往東邊穿越卡哈拉區（Kahala），連接72（Kalanianaole Highway）公路；往西則到歐胡島新區卡坡壘（Kapolei）。
  - H2高速——縱貫歐胡島中央，接80號、99號(Kamehameha Hwy)、803號公路（Farrington Highway）通往西、北邊。
  - H3高速——橫貫東南部，從Pearl Harbor到Kaneohe區。
  - 83號公路（Kamehameha Highway），從Kailua環繞東北角到Haleiwa。
  - 930公路（亦93號）主要通西南邊沿海。
  - 其它公路（Source:Hawai'i Department of Transporatation）
  - 地圖：hidot.hawaii.gov/highways/home/oahu/oahu-state-roads-and-highways/

- **交通：**

  自由上下車的遊覽車與公車皆提供折扣連日乘車。遊覽車，Waikiki Trolley，四面敞開，分紅、綠、粉、藍四線，於威基基皇家夏威夷中心（Royal Hawaiian Center）櫃檯購買（American Cheese Cake Factory旁邊）。乘車證分1、4、7日等有效票。

  四色遊覽車路線：紅線往歷史文化區（不包括所有史跡、博物館），起停站包括伊利凱酒店Ilikai Hotel、免稅店DFS Galleria、莫阿娜衝浪人酒店、杜克卡漢那莫庫銅像、Aston Waikiki Beach Hotel、火奴魯魯美術館、州政府大廈、伊奧拉尼王宮、中國城、卡美哈梅哈一世銅像、沃德（Ward Center）商品中心、阿拉莫阿娜（Ala Moana）購物中心；綠線往風景區，起停站包括杜克·卡漢那莫庫銅像、動物園、卡皮歐拉妮公園、水族館、卡哈拉購物中心、鑽石頭山、蔬果市場（卡皮歐拉妮社區大學停車場，星期六早上）。粉紅線往購物區，從威基基免稅店到阿拉莫阿娜購物中心之間的酒店及商店都可上下車，藍線則環繞海岸而行。

  另一種箱型巴士名為“恩諾阿之旅”(Enoa Tour)的旅遊車, 與Waikiki Trolley為同公司，於威基基皇家夏威夷中心乘坐。“恩諾阿之旅”較多跑郊外長途，如珍珠港、龐奇博太平洋國家軍人紀念墓園及波利尼西亞文化中心等地。導遊是旅行者記憶中重要的一部分，本地英語導遊以原住民為多，能說會道不僅詳知史地，並展現開朗的個性風趣十足，僅聽其講解，便覺不虛此行；若需中文旅遊團，則可向當地華人旅行社詢問自由行程或團體旅遊之細節。

  網址：www.waikikitrolley.com

- **公車網上查詢：**

  於Google Transit欄注入出發時間、地點、目的地，即顯示駕車、步行及公車站、時刻表、轉車、所需時間等訊息：www.thebus.org/default.asp?f=y&m=main

◆ 運作時間：5:30-22:00
◆ 四日通行票：$25，威基基ABC商店皆有代售。單程$2.50，自備零錢。
◆ 公車客服中心：（808）848-4500；電話查詢：（808）848-5555
網址：www1.honolulu.gov/dts/fares.htm#fourday

● **注意**：計程車不普遍，應在酒店搭乘。到達目的地後，再打電話叫回程車。公車星期六、日班次減少。平日脫班或因修路而更改路線時而有之。乘車前先上網確定。

● **折扣券：**
景點、博物館折扣，可依個人興趣、時間選擇功能表。
◆ Smart Destination：www.smartdestinations.com/attractionList.ep?filters=_d_Hio_Att&pass=go
◆ Honolulu Power Pass：www.visiticket.com/Honolulu/attractions_all.aspx

● **國定假日：**
新年（1月1日），總統日（2月第三個星期一）、國殤紀念日（5月第四星期一）、國慶日（7月4日）、勞工節（9月第一星期日）、感恩節（11月末之星期四）、聖誕節（12月25日）。

政府機構假日休息。一般博物館星期一休館；畢士普博物館每星期二休；艾瑪王后夏宮終年不休；伊奧拉尼王宮及傳教士博物館星期日休；其它休館日為新年（1/1）、國慶日（7/4）、感恩節（11月第四星期四）、聖誕日（12/25）。香格里拉伊斯蘭藝術館每年9月1日至30日亦閉館。

● **一般常識：**
一般公眾場合禁止吸煙。垃圾分類，可回收塑膠瓶罐應放置在指定回收箱內。原住民之社廟遺址、石頭、供品等，請勿移動觸摸。
搭乘公車、購票、參觀博物館，請排隊遵守秩序。
海邊或山區，務必與遊伴同行，以免發生意外無人知。
博物館、美術館說明書及導覽皆以英語為主，中文介紹正逐日增加，請於購票時詢問。門票價格時有調整，請上網確認。一般室內可攝影，禁止使用閃光燈。

● **隨身攜帶電話：**
火奴魯魯市區域號碼：808；打國際先撥011；打美國大陸在區域號碼前加撥1；市內電話查號台：411；緊急事項或求救：911。

國家圖書館出版品預行編目資料

夏威夷藝文風采360° / 劉俐著. -- 初版.
 -- 臺北市：藝術家, 2015.07
  面；　公分. --（藝術行旅）
 ISBN 978-986-282-154-1(平裝)

1.旅遊 2.美國夏威夷

752.799   104010363

夏威夷藝文風采360°
Splendors of Hawai'i : Arts and Culture 360°

劉俐 著
Li L Lundin
圖版來源：未註明提供者之圖片皆為作者拍攝（All photos by the author, unless otherwise noted）

發行人／何政廣

主編／王庭玫

編輯／林容年

美編／張娟如

封面設計／張娟如

出版者／藝術家出版社

　　　　台北市重慶南路一段147號6樓

　　　　TEL：(02) 2371-9692～3

　　　　FAX：(02) 2331-7096

郵政劃撥／01044798 藝術家雜誌社帳戶

總經銷／時報文化出版企業股份有限公司

　　　　桃園縣龜山鄉萬壽路二段351號

　　　　TEL：(02) 2306-6842

南區代理／台南市西門路一段223巷10弄26號

　　　　TEL：(06) 261-7268

　　　　FAX：(06) 263-7698

製版印刷／新豪華彩色製版印刷股份有限公司

初版／2015年8月

定價／新台幣380元

ISBN／978-986-282-154-1(平裝)

行政院新聞局出版事業登記證局版台業字第1749號